Três almas e um destino

CB132589

COORDENAÇÃO EDITORIAL

Laércio Mulati
Maria Amélia Bittencourt
Renato Leandro de Oliveira

Três almas e um destino

Antonio Lúcio
pelo espírito Luciano

1ª Edição
Junho de 2010
5.000 exemplares

CENTRO ESPÍRITA AMOR E CARIDADE
BAURU
2009 90 Anos CEAC

Rua 7 de Setembro, 8-56
Fone/Fax (14) 3227-0618
CEP 17015-031 - Bauru - SP
site: www.ceac.org.br
e-mail: editoraceac@ceac.org.br

Dados Internacionais de Catalogação na Publicação (CIP)
(Câmara Brasileira do Livro, SP, Brasil)

Luciano (Espírito).
Três almas e um destino / pelo espírito
Luciano ; [psicografado por] Antonio Lúcio. --
1. ed. -- Bauru, SP : CEAC Editora, 2010.

ISBN 978-85-86359-77-4

1. Espiritismo 2. Psicografia 3. Romance
espírita I. Lúcio, Antonio. II. Título.

10-05589 CDD-133.9

Índices para catálogo sistemático:

1. Romance espírita : Espiritismo 133.9

Copyright © 2010 by
Centro Espírita Amor e Caridade
Bauru SP

Agradecimentos

Agradecemos de coração aos Mensageiros Celestes pelo carinho e ajuda que, em nome de Deus, nos têm dispensado na composição das obras as quais psicografamos.

Embora seja ínfima a nossa participação nessas obras, temos consciência de que qualquer esforço no caminho do bem é algo que deve sempre ser levado em consideração. Assim, empenhamo-nos com afinco dentro do tempo que Deus nos dá por acréscimo de sua misericórdia, para doar a nossa pequena contribuição às almas irmãs que, vivendo num mundo tão conturbado quanto o nosso, possam assestar suas lentes espirituais e visualizar o que é imprescindível ao espírito imortal.

Aos queridos companheiros do invisível, e em particular ao querido Luciano, agradecemos de alma e coração. Que Sejam Louvados todos os que fielmente cumprem os desígnios de Deus, Pai Criador!

Antonio Lúcio

Sumário

Introdução

Um breve relato

Paris, a belíssima capital francesa, e outras cidades menores viviam sob o domínio e influência de religiosos não afeitos ao "Amai-vos uns aos outros" do Senhor Jesus.

Para disfarçar o clima tenso que envolvia todo o povo francês, artifícios eram tentados para encobrir a atual e complicada situação do país. Um desses artifícios foi o famoso casamento entre Henrique, Rei de Navarra e Margarida Valois. Ele, chefe da dinastia dos huguenotes, e ela, princesa de França, irmã do Rei Carlos IX, filha do falecido Rei Henrique II e Catarina de Médici.

Tal matrimônio deveria realizar-se na Catedral de Notre Dame l'Auxerrois, porém, o noivo protestante não quis entrar na catedral, nem tampouco assistir à missa. Assim sendo, foi construído um palanque em frente a um dos portais da catedral sob o Rio Sena e ali realizou-se o casamento.

A noiva, insatisfeita, não disse um *sim* claro, audível. Apenas limitou-se a balbuciar e fazer um aceno positivo com a cabeça, pois a cerimônia estava sendo realizada por injunções que fugiam a seu gosto.

A dissensão existente entre a Igreja e os Calvinistas vinha já de longas datas e era marcada por assassínios, estupros, vandalismos e uma série de cenas dantescas. Vivia-se constantemente sob a ameaça do medo e do pavor.

Influências ocultas e perversas disseminadas entre os nobres endinheirados, fariam com que eclodisse a sangrenta noite de 24 de agosto de 1572, que passou à posteridade como a Noite de São Bartolomeu.

O massacre foi cruel e desumano. Em sã consciência, é inadmissível a ideia de que, em nome de Deus, somente numa noite, se chegasse ao extermínio de 3 000 calvinistas, também conhecidos como huguenotes. E o extermínio foi muito além. Prolongou-se durante anos até atingir a absurda cifra de 70.000 a 100.000 mortes.

Leitor amigo, foi nesse clima pesado e hostil que renasceram as personagens da nossa história. Uma história mesclada dos sentimentos que mais entrelaçam as criaturas na vivência terrena: o *amor* e o *ódio*.

Esclarecemos que os nomes apresentados são fictícios. Conservamos apenas os que fazem parte da história de França, pois que o intuito desta obra é demonstrar que somente o amor ensinado e vivido por Jesus será capaz de extinguir o perigoso fogo das paixões desenfreadas, fazendo com que o tempo propicie o equilíbrio e a paz.

O nosso trabalho não visa apresentar uma história mirabolante, mas sim, demonstrar que *o amor e a bondade de Deus* sempre favorecem condições de o pecador alcançar a remissão dos seus débitos.

Sendo assim, informamos que as personagens de *Três almas e um destino*, nos séculos futuros, conseguiram deixar a estrada lamacenta dos erros milenares para trilharem juntos os caminhos do amor.

Sob a égide de Cristo, TRÊS ALMAS, almejando paz E UM DESTINO feliz, alçaram voo rumo aos amorosos braços de Deus.

Esperamos, sinceramente, que este nosso humilde trabalho possa contribuir de alguma forma para o seu crescimento espiritual e dos que jornadeiam rente aos seus passos.

Fraternais abraços!

Antonio Lúcio
Mogi Guaçu – SP, Fevereiro/2008

Parte 1

CAPÍTULO 1

A separação

Meados do século XVI, Paris, França. Naquela manhã, a belíssima capital francesa tinha os seus telhados, ruas e praças cobertas de neve e, para complicar ainda mais, o país vivia numa verdadeira desordem e um desastroso enovelado político e religioso.

O rigoroso inverno castigava, macerava rudemente a plebe aflita que gostaria de ter, além do estômago recomposto, agasalhos suficientes para aquecer os pequenos corpos esquálidos de tantos entezinhos sofredores que Deus lhes enviara como filhinhos do coração.

Carlos IX, coroado em 1561, fez com que o caos político dominasse o país, pois Charles-Maximilien era apenas um menino. Daí a sofrida sociedade já tão castigada, teve que amargar tempos difíceis e penosos sob o comando de Catarina de Médici, a famigerada mãe de Charles, ou seja, Carlos IX.

Por outro lado, o catolicismo, religião predominante, foi fortemente abalado pelo calvinismo desde o seu início em 1534, e isso desestruturou a vida dos franceses. Na época, o forte esteio da França não era o rei, e sim a Igreja, pois ela, representada pelo Papa Pio IV, padecia a infiltração e também a influência perniciosa da nobreza católica.

Foi nesse clima conturbado que renasceram em Paris, Suzane Lainard, Jean Pierre Bittencourt e Robert Reinaux. Os dois primeiros nascidos em lares pobres, e Robert Reinaux num lar abastado.

Tais crianças estudaram na mesma escola, e já nos tempos dos primeiros estudos, a graciosa Suzane Lainard exercia um fascínio indescritível sobre os dois garotos. Em termos comparativos, os dois assemelhavam-se a colibris disputando a mesma flor. Ela os atraía com seu doce perfume e os encantava com os seus belos sorrisos. Os dois infantes deixavam-se seduzir de bom grado e, entre os envios de bilhetes, Reinaux levava vantagens, pois podia enviar bilhetes coloridos e perfumados, ao passo que Jean Pierre tinha que se contentar com o envio de folhas do próprio caderno escolar.

Alguns anos mais tarde, a família Reinaux, influenciada por um parente que exercia cargo importante na Igreja, fez com que o trio se separasse. Robert Reinaux, bastante contrariado, foi enviado a estudar teologia em Portugal. Suzane e Jean Pierre, depois de concluírem os primeiros estudos, e por necessidade, passaram a trabalhar, pois era necessário ajudar os pais a criar os irmãos mais novos.

O trabalho, como sabemos, funciona como um poderoso filtro, tolhendo as demasiadas expansividades das paixões desenfreadas, para não dizer que coíbe as afetividades exageradas que levam os incautos até os desvarios da libido descontrolada.

Jean Pierre trabalhava a semana toda e tentava encontrar-se com Suzane nos finais de semana, mas nunca conseguiu tal intento, devido às ondas de violência que espalhavam tanto terror na cidade. Naquele tempo, as pessoas de bom senso só saíam de casa para cuidar do estritamente necessário.

O coração de Suzane, no entanto, sem que ela percebesse, já tinha feito a sua escolha: Robert Reinaux. Diante desse impasse, o sonho de Jean Pierre estava fadado a desvanecer-se rapidamente ou transformar-se num pesadelo.

Por sua vez, Robert, distante dos seus e longe de sua adorada Suzane, sofria como ninguém. Entre uma aula e outra, o infeliz estudante procurava fixar em sua mente a imagem da garota de pele acetinada, de cabelos lisos e soltos sobre os ombros. À noite, o seu tormento era recrudescido devido à solidão e à quietude do quarto. Quantas noites, envolvido em seu onirismo[1] exacerbado, debatia-se entre sonhos e pesadelos, sem conseguir um sono tranquilo e reparador. Somente ao alvorecer conseguia cochilar um pouco, vencido pelo cansaço.

Já foi dito e comprovado que o pensamento exerce uma influência enorme na vivência dos seres humanos. Segundo o grau de evolução em que o ser estagia, seus pensamentos podem irradiar luz ou trevas, alegrias ou tristezas, serenidade ou agitação.

Com frequência, a apreciação que se faz das ocorrências desenroladas à nossa volta, e que já estamos capacitados a entender, não mensuram com exatidão os mecanismos de tudo o que nos envolve.

O homem admite a existência de uma infinidade de mundos na imensidão cósmica, porém, *o mundo espiritual*, doce morada dos

1 Onirismo: Atividade mental doentia apresentando visão irreal durante o sono.

verdadeiramente vivos, por não ser detectado pelos instrumentos convencionais da atualidade, ainda não é aceito.

O avanço da ciência, da tecnologia, verificados no mundo nos últimos cem anos, ninguém contesta, e no meio desse avanço está a telefonia. É possível se falar em poucos segundos com alguém que esteja vivendo no outro lado do mundo. Apesar dessa facilidade, as pessoas vivem se esbarrando umas nas outras dentro do próprio lar e não se falam. Desconhecem a Lei do Amor, ensinada por Jesus, vivendo como estranhos. Se unidos pelos laços consanguíneos vivem no clima da indiferença, é porque desconhecem as doces sensações do amor, acalentando em si pensamentos maldosos.

Vejamos: no campo a semente é estagnada sob a pressão do solo, mas no tempo oportuno vencerá o estado de morte e ressurgirá renovada, ensejando a continuidade da vida no planeta. A criatura para ser feliz tem que, como a semente, sair do estado de apatia, desse estado de morte eletiva para viver a verdadeira vida. Esta vivida com amor.

O ser humano precisa urgentemente modificar suas atitudes, os seus pensamentos. Pensamentos de bondade criam o clima favorável para que o bem se estabeleça na Terra.

Somente com pensamentos iluminados pela Luz do Evangelho, criaremos o clima de Amor e Paz de que tanto necessitamos.

O estado de Reinaux tornou-se desesperador, pois além de sua doentia fixação pela doce figura de Suzane, sentia a falta da convivência doméstica. Nos dias de folga, não tinha disposição para nada. Ao invés de ir para casa, a fim de rever seus familiares, enrodilhado pela revolta, recolhia-se ao quarto e dava vazão aos mais absurdos pensamentos. Afastado de tudo e de todos, tornara-se um exilado pela própria vontade.

Pensava abandonar os estudos, mas temia contrariar seus pais, pois o sonho de seus genitores era vê-lo um dia usando batinas. Mas pensava: "como conseguirei tornar-me um padre se carrego dentro do peito um coração que arde mais do que uma lava vulcânica? Será que algum dia eu vou conseguir controlar esta paixão desenfreada e avassaladora?"

Depois de muito relutar, resolveu procurar ajuda junto a Padre Henri, expondo todo o drama que estava vivendo.

Padre Henri era um homem de baixa estatura, um tanto calvo, olhos penetrantes, mas de boas falas. Ao observar o rosto abatido do pobre moço, condoído perguntou:

– O que está acontecendo, meu rapaz? Vejo-o há dias deprimido, cismarento, e tomado de profunda melancolia.

– Desculpe-me, Pe. Henri, por ter vindo até aqui tomar o seu tempo. Estou convicto de que conheço a cura para o meu mal, porém, qualquer coisa que eu faça atendendo ao meu coração, sei que irei me arrepender futuramente.

– Seja mais claro, meu filho. Só assim poderei ajudá-lo com maior precisão.

– Padre, eu conheci no colégio na França uma garota a quem entreguei o meu coração. Meu sonho desde os primeiros anos escolares era casar-me com ela e constituir uma família, porém, o cruel destino nos separou. Hoje, distanciado dela e dos meus, sinto-me como um cativo, sem perspectivas de liberdade, pois não quero contrariar os desejos de meus pais.

– Calma, Robert. Nas horas das grandes decisões, um pouquinho mais de calma é aconselhável. Nas encruzilhadas da vida, o homem não pode entregar-se ao desespero, nem ser apressado nas decisões, caso contrário poderá se arrepender amargamente em seu futuro.

– É exatamente o que está acontecendo comigo, Pe. Henri. Estou em frente a uma encruzilhada e não sei para que lado seguir.

– Depreende-se de suas palavras, meu filho, que você está fazendo teologia sem gostar. Também que vai tornar-se padre a contragosto!

– Em resumo, Pe Henri, é esse o meu drama. Só não abandono os estudos, porque irei causar um grande desgosto aos meus pais e isso eu não quero.

– Meu filho, qual a tentativa que você já fez, a fim de contornar a difícil situação em que se encontra? Pelo menos tentou fazer uso da oração para fortalecer-se diante da angústia em que vive?

– Padre, sinceramente, eu não consigo orar.

Diante de qualquer tipo de problema que nos afete e nos traga aflição, a oração é o bálsamo que consola e a luz que nos aclara a mente.

Com ela haurimos as forças necessárias para não sucumbirmos diante das adversidades da vida. A oração nos conecta através do pensamento às regiões mais altas da espiritualidade de onde podemos obter ajuda, a fim de resolvermos os nossos problemas. Mas não nos enganemos:

> A oração nascida do bom coração chega ao céu, mesmo que em porção diminuta, mas a oração sem sentimento, nem gritando se escuta.

Capítulo 2

A encruzilhada

Enquanto o futuro padre se debatia entre a incerteza e seu sonho impossível, Jean Pierre, como vendedor de uma loja do centro de Paris, tinha em seus dias momentos de preocupação e de angústia, pois o que ganhava não seria suficiente para se casar e sustentar uma família.

Toda vez que as cenas do passado ressurgiam assomando-lhe a mente, a figura da bela Suzane sobrepunha-se às demais. Era sempre a primeira a aparecer e, ao comparar o que ele aspirava com o que vivia no momento, entregava-se ao desespero. Sabia que no caso de encontrar a moça e se acertar com ela, o dinheiro que recebia mensalmente seria insuficiente para dar uma vida digna à futura consorte, e por isso se amargurava.

O que conseguiu apurar sobre a vida de Suzane era tão pouco. Soube que ela trabalhava no escritório de um tal Julian de Chardin, uma criatura bastante conhecida, mas de idoneidade duvidosa, pois que seu nome sempre estava envolvido em negociatas e contravenções.

Depois que saíram da escola, não conseguiu mais falar com ela e isso constituía o maior tormento para o seu coração apaixonado. A única vez que a viu, de relance, foi no meio de uma grande multidão. Foi atrás, porém a perdeu de vista.

Jean Pierre tinha uma postura positiva diante da vida, pois nunca fora de se entregar ao desânimo, e não seria agora que estava amando, que isso iria acontecer. "A esperança é a última que morre – filosofava – e a minha não irá morrer".

Suzane era uma criatura de vida simples, pacata, simpática e educadíssima. Preferia derramar suas lágrimas às escondidas que revidar um insulto ou faltar com o respeito a quem quer que fosse. Isso fazia dela uma moça bem quista em seu local de trabalho, embora sua passividade lhe custasse, às vezes, algumas tentativas de assédio por parte de Julian, seu empregador.

Alguns anos depois, a pressão exercida pela Igreja sobre os religiosos aficionados a João Calvino fez com que aumentassem de maneira incontrolável as atrocidades em toda França.

Depredações, cenas de selvageria, agressões, desrespeito e mortes na calada da noite tornaram-se acontecimentos corriqueiros em todo o país. Ninguém poderia se considerar em segurança, uma vez que dos cruéis ataques efetuados a qualquer hora, pessoas inocentes sempre eram afetadas.

O clima religioso tornara-se mais hostil do que as gélidas madrugadas parisienses. Não havia como conciliar a situação, nem apaziguar os ânimos. Os católicos, apoiados por Catarina de Médici, lutavam para a extinção dos protestantes, ou huguenotes, como eram taxados. Assim, a Igreja, detentora do poder, fechava os olhos para os desmandos que ocorriam e fazia ouvidos moucos[1] aos clamores dos que padeciam as atrocidades.

Os ensinos evangélicos ministrados aos padres recém-formados eram olvidados por aqueles que se faziam representar como enviados de Deus. Receberam os ensinos ou ensinavam, mas não os cumpriam. Antes disso, sobrepujava-os com um sectarismo maléfico e intolerante.

> É mais alegre contarmos as estrelas do céu do que as pedras do caminho. Gonçalves Ribeiro.

É mais gratificante poetizar ou escrever frases agradáveis do que grafar acontecimen-

1 Mouco: Que não houve nada; surdo.

tos desastrosos que infernizaram a vida de tantas criaturas.

Sem sombra de dúvida, é de suma importância que se faça uma análise dos erros cometidos nos caminhos já percorridos, porém é mais importante não cometê-los no presente.

O angustiante problema que marcou a vida de tanta gente na Terra é sempre o mesmo. A ausência do amor portas adentro dos corações. Amor para muitos é sinônimo de paixão, quando não, motivo de prazeres. O amor que o Cristo nos apresentou é bem diferente, senão vejamos:

> Ninguém tem amor maior do que este: de dar alguém a própria vida em favor dos seus amigos. Jesus (João 15:13).

Por natureza, os seres humanos são religiosos. No entanto, temos que concordar que a religião que não torna o homem melhor, não cumpre a sua finalidade. É por isso que as criaturas que apenas tiveram uma religião por ter, sem se iluminarem, apenas empataram o seu tempo ou se complicaram. Sem leme, tornaram-se náufragos nos agitados mares da vida.

De um modo geral, em seus caminhos, a maioria das criaturas tiveram essa ou aquela rotulagem religiosa. Sabemos, no entanto, que o elemento da cura é o medicamento do frasco e não o que o rótulo indica. Com isso, concluímos que a verdadeira religião, *o amor*, nem sempre esteve presente nos caminhos do homem.

Quando será que a *religião do Cristo*, o AMOR, vai estar dentro de cada coração?

Naquela tarde ensolarada, Padre Guilherme Hobert recebeu o novo padre e pôde perceber que Robert Reinaux estava dividido: seu corpo físico mantinha-se ereto sobre o piso da Catedral de Saint Germain, porém, o mesmo não acontecia com a sua mente, com a sua alma.

Robert adentrou o portal daquela casa consagrada a Deus e começou a recordar seus tempos de menino, quando, em companhia de seus pais, ali estivera por diversas vezes.

Mas agora era diferente. Seus pensamentos estavam conflitantes e mais se assemelhavam ao turbilhão de acontecimentos desagradáveis que assolavam a velha França.

Padre Guilherme, sempre gentil, de maneira simples o alojou convenientemente, desejando o que se deseja a um filho: que tivesse uma vida tranquila naquela casa. Após desejar-lhe uma feliz estada e pedir que se sentisse à vontade, que o procurasse no caso de precisar de algo, aconselhou-o a descansar.

No dia seguinte, logo pela manhã, Guilherme Hobert bateu levemente à porta dos aposentos de Robert, e após os cumprimentos, convidou-o a descer com ele a fim de participar da primeira missa do dia. Indagado se dormiu bem, Robert respondeu:

– Meu corpo sim. Adormeceu como que se estivesse anestesiado, porém, meu ser inteligente vagou, como uma alma penada, de pesadelo em pesadelo.

– Desculpe-me, Robert, sinto-te tão angustiado. Parece-me que você não traz dentro do peito um coração, mas um prisioneiro martirizado – observou Pe. Guilherme.

– Sim, trago no lugar do coração uma brasa viva, daquela que queima noite e dia. Mas mudemos de assunto. Lembro-me que ainda menino estive aqui por algumas vezes com meus pais, porém, já faz tanto tempo... Ah! que tempos bons eram aqueles! Nada de pesadelos, de desencontros, muito menos de conflitos!

– Imagino – argumentou Guilherme. Quando se é criança, sonha-se geralmente com os coleguinhas, com passeios e com os folguedos dos finais de semana. Depois disso vêm os estudos e aí somos convidados a assumir compromissos.

Enquanto Guilherme falava dos bons tempos escolares, não pôde perceber que algumas lágrimas gotejavam dos olhos do novo padre. Reinaux, para disfarçar, passou um lenço sobre os olhos e botou a culpa no frio que estava fazendo. É que naquele momento, a imagem de Suzane surgindo-lhe à mente, trouxe de volta toda a sua amargura. A bela imagem assomando-se à tona de seu arquivo reminiscencial parecia já tão apagada, mas viva o suficiente para lancetar-lhe o coração como um pontiagudo punhal.

Ao adentrar a nave da igreja, Robert pôde perceber que a catedral estava repleta de fiéis. Existiam alguns lugares próximos às pessoas pobres, menos afortunadas da sorte, mas também existiam pessoas em pé, demonstrando que a soberba, um dos sete pecados capitais, segundo a Igreja, já era praticada naquele tempo. E o que é pior, dentro da própria casa de Deus.

Após a apresentação de dois cânticos gregorianos, a missa propriamente dita teve início. Durante todo o seu transcorrer, o padre Robert Reinaux mantinha-se absorto, tenso e meditativo. Praticamente não ouviu da missa a metade do que foi dito. Seus pensamentos eram como uma folha exposta a um redemoinho: desconexos, vacilantes, iam de um lado para outro ao sabor do vento, sem fixar no sermão que Pe. Guilherme fazia.

Para o novo padre, o que estava acontecendo em sua vida era um despropósito. Não entendia o porquê de estar ali, pois não tinha nenhuma vocação para aquilo. Era certo que devia obediência aos pais, mas não a ponto de ter que se anular.

Seu maior desejo seria se casar, ter uma família, viver como um homem normal. Quando então pensava em Suzane, essa sua insatisfação chegava às raias da loucura e muito se aproximava a uma ojeriza contra a religião que professava.

Seus pensamentos formulavam perguntas angustiantes, mas a inexistência de respostas fazia com que mais aumentassem os seus dissabores.

"Meu Deus, o que devo fazer? Sendo padre, o casamento para mim está fora de cogitação. É um desejo inalcançável. Se pelo menos eu soubesse onde encontrá-la, talvez... Não, não. Acho que estou perdendo o juízo! Preciso ter cuidado, caso contrário vou enlouquecer".

É com essa disposição de espírito que vamos deixar Robert Reinaux, para darmos sequência no próximo capítulo, ao relatar os tristes incidentes que infelicitaram o povo francês naquele século de opressão e barbárie.

Capítulo 3

O novo padre

A cidade de Paris, bela, encantadora, com suas praças arborizadas e ajardinadas, com o sotaque peculiar de seu povo, tão gostoso de se ouvir, estava atravessando momentos conturbados e repletos de violências.

Se já não bastassem as cenas bárbaras que as questões religiosas provocavam, outras surgiam, geradas por terroristas e ladrões que aproveitavam a fraqueza dos que se acovardavam diante do medo e cometiam mais atrocidades.

As notícias eram alarmantes e, divulgadas pelo *boca a boca*, que infelizmente deturpa tudo, espalhava pavor e aterrorizava ainda mais. Eram moças e senhoras encontradas mortas em condições deploráveis, evidenciando estupro e selvageria. Anciães caídos sobre as calçadas com sangramento pelo corpo a demonstrar que foram espancados até a morte. O vocabulário mais rico de um super dicionário, não teria as palavras certas para definir o horror daqueles dias.

Suzane Lainard, como as demais colegas do escritório de Julian de Chardin, vivia o clima de insegurança e de medo que, aliás, era o mal de todos franceses. Sempre acostumada a permanecer em casa, pois tinha uma vivência pacífica com os familiares, evitava sair à noite, mesmo que acompanhada do pai ou com os irmãos. Saia do serviço à tardinha e seguia para casa como alguém que estivesse na iminência de ser atacada a qualquer momento.

No início do ano de 1570, vamos encontrar Robert Reinaux celebrando uma missa na catedral de Saint Germain. Estava mudado:

magérrimo, com os cabelos esbranquiçados, olhos enclausurados no fundo da cavidade ocular. As noites de insônia, a alimentação reduzida devido à inapetência, as conflitantes ideias que lhe avassalavam a alma eram motivos suficientes para dar-lhe uma aparência de uma pessoa bem mais velha.

As admoestações e os conselhos de Pe. Henrique chamando-o à realidade, não eram suficientes para fazê-lo reagir. Tal qual o masoquista[1] que se delicia com o sofrimento contínuo, Robert parecia adorar aquele pesadelo constante.

Em qualquer tempo e em qualquer lugar, a realidade é bem esta: *quando a criatura escolhe espontaneamente o ostracismo para nele viver, perde o contato com a dinâmica da vida e então sofre as consequências.*

1 Masoquista: Aquele que busca o sofrimento, ou nele se compraz.

No quinto século a.C., os atenienses o buscavam de modo próprio, ou eram votados à ostracização e eram desterrados. Desacreditados, isolavam-se da vida social com o fito de preservarem os seus bens que se tornavam inconfiscáveis.

Hoje, aqueles que agem de forma idêntica, privam-se do bem maior que temos conhecimento – *o direito de viver* – pois ninguém em sã consciência pode afirmar que o ostracismo seja uma prática saudável.

Reinaux mal conseguia dar uma sequência lógica à sua homilia. As palavras fugiam-lhe da boca, escasseavam em seus pensamentos. Depois de um estafante esforço e com a testa suarenta, conseguiu terminar aquilo que deveria ser para ele uma coisa rotineira.

Em seguida, ajoelhou-se frente ao altar, persignou-se e saiu apressado da catedral. Seus pensamentos estavam a mil por hora e não conseguia, apesar de estar na casa de Deus, reter um pouquinho de paz em qualquer cantinho de seu amargurado coração. As recordações estudantis, as imagens que sua mente fixou durante tanto tempo, surgiam-lhe em seus arquivos mentais, atormentando-o sobremaneira. Dentre tantas imagens, destacavam-se duas: a de Suzane, a bela e perfumada flor de seus sonhos, e a de Jean Pierre, o odiento e espinhoso cacto, instigando-lhe o ciúme doentio.

Aquele ano de 1570 passou célere para Suzane e Jean Pierre, apesar da agitação e do medo que rondavam seus passos. Ela, mais bonita do que nunca, continuava a trabalhar no escritório do famigerado Julian de Chardin, e Jean também, sem novas perspectivas, continuava como simples vendedor na loja de armarinhos e tecidos.

Aproximavam-se as festividades de fim de ano e Paris, também conhecida como a *cidade luz*, estava ainda mais iluminada. No seio das famílias de bem, que se mantinham distanciadas das questiúnculas políticas e religiosas, havia os que procuravam alçar às regiões celestes pensamentos fervorosos como se fossem clamores, rogando ao Pai a paz e a felicidade entre todas as criaturas. A família Lainard, fundamentada numa vivência cristã, era uma das que abominavam aquele estado de coisas.

Se não tivéssemos plena convicção de que quase tudo, segundo as Leis do Criador, concorre para o bem das criaturas, poderíamos dizer que o acaso forjou o encontro entre Pe. Robert e Suzane às vésperas do Natal do Senhor, para que, talvez, esse clima de paz ensejasse um encontro amistoso entre os dois. Porém, Robert com seus pensamentos destrambelhados, não estava à altura de encontros fraternos. Como na vida nada acontece por acaso, a ida de Suzane em companhia de seus queridos pais à catedral, deu-se naturalmente e quase nenhum proveito tiraram daquela missa.

Nada acontece por acaso; vivemos sob os efeitos das nossas próprias realizações.

É comum ouvirmos em nosso dia a dia: "aconteceu *por acaso* comigo..." Na realidade, muitos acontecimentos acidentais que fogem ao crivo da razão e que, por não entendê-los classificamos como *acaso ou coincidência*, nada mais são do que os efeitos de forças desconhecidas atraindo-nos para nos ajustarmos ao nosso processo evolutivo.

Isso acontece quando alguém, sem perceber, é levado a um determinado local, e lá terá o ensejo de encontrar com algo ou alguém que o fará repensar e mudar substancialmente toda a sua caminhada.

O princípio acima exposto também é válido para os acontecimentos desagradáveis que nos infelicitam. Só que nesse caso, os classificamos como azar ou falta de sorte. Em nosso atual estágio evolutivo, ainda não entendemos as Leis de Deus; tudo concorre para o nosso bem... *Até o mal que não gostamos.*

No entanto, sabemos que existem coisas agradáveis que por imprevidência as transformamos em *transtornos* em nosso caminhar, e que outras que consideramos *males* no momento, redundarão em benefícios futuros.

Capítulo 3

Ninguém pode julgar-se inocente diante dos acontecimentos desastrosos que cometeu na vida. o acaso não existe, *e se por acaso* existisse, seria de uma neutralidade invejável. Não influiria na vida de ninguém.

Assim que a família Lainard entrou, assentando-se logo à frente do altar, Robert, reconhecendo Suzane, assustou-se. Ali estava, à sua frente, a mulher que ele amava com todas as forças de seu coração, a deusa que povoava os seus mais lindos sonhos.

Suzane surpreendeu-se, ficou incomodada, por ver aquele homem que a olhava insistentemente, parecendo querer com seu olhar penetrante, desvendar até os seus mais íntimos pensamentos.

Padre Robert, no entanto, reconhecera-a de pronto, assim que a viu entre tantos fiéis. Seus olhos brilhando de alegria, não mais o obedeceram. Parecia estar sob a ação de um ímã poderoso e que se submetia a um controle previamente estabelecido, cujo foco era o lindo rosto de Suzane Lainard.

Maurice e Josephine, os pais da moça, ficaram incomodados e sem saber o que estava acontecendo, pois durante o transcorrer da missa, Suzane mantinha-se calada e de cabeça baixa. Parecia querer evitar os reiterados olhares que Robert Reinaux lançava em sua direção.

Finalmente, a missa chegou ao seu final, e em seguida um harmonioso cântico gregoriano começou a ser executado. Mais que depressa, Pe. Robert saiu da catedral, dirigindo-se até uma sala contígua, onde trocou os paramentos às pressas e saiu até o pátio, pois precisava seguir Suzane e a família.

Esperou que a família Lainard saísse e seguiu-a com todo o cuidado. Não podia titubear, caso contrário, a sua mórbida curiosidade não seria satisfeita. "Hei de descobrir onde Suzane mora, depois pensarei no que fazer" – esses eram os pensamentos que fervilhavam em sua mente.

Capítulo 3

Ao chegar em casa, Suzane entrou em seu quarto, trancou a porta e quando a chamaram para o almoço, disse estar sem fome, que a deixassem dormir, pois estava com dor de cabeça.

Josephine achou esquisito o comportamento da filha, pois foi de boa vontade que aceitou acompanhá-los até à catedral. Recordando os insistentes olhares dirigidos à filha, começou a pensar: "Será que o motivo de Suzane se trancar no quarto tem alguma coisa a ver com os olhares daquele padre estranho? Não pode ser... se esse fosse o motivo, ela teria me contado".

Após o almoço, Maurice procurou a esposa e lhe perguntou:

– Querida, você tem ideia do que está acontecendo com a nossa filha?

– Não meu bem. Já a chamei por duas vezes após o almoço e nada. Só mesmo depois que ela decidir sair do quarto ficaremos sabendo o motivo que a levou a agir assim.

Capítulo 4

O encontro com Jean

Suzane apareceu na sala bem depois do almoço e trazia no rosto traços evidentes de que muito chorara. A ideia de ver o eleito de seu coração dentro de uma batina deixou-a amofinada. Durante a reclusão que ela mesma se impôs por algumas horas trancando-se em seu quarto, derramou todas as lágrimas possíveis.

Depois de vertê-las todas, pôs-se a refletir, e num inconformismo crescente, monologava sozinha na penumbra do quarto: "Meu Deus, por que aceitei o convite de mamãe para ir assistir àquela bendita missa? Se eu tivesse recusado, tudo estaria como antes. Não teria concretizado o meu desejo de rever Robert, mas a esperança acalentada durante anos de viver com ele uma linda história de amor, não teria sido desfeita".

Fez e refez suposições descabidas no silêncio de seu quarto, mas finalmente achou que foi melhor assim, pois desiludiria de uma vez.

Ao vê-la recostada numa poltrona da sala, Josephine aproximou-se, e cuidadosamente a interpelou:

– Filha, está melhorzinha? Quer que mamãe prepare alguma coisa para você comer? É preciso se alimentar. Você está só com aquele copo de leite no estômago. E isso foi de manhã, filhinha.

– Não, mamãe, não quero nada. Quem sabe no jantar estarei melhor, aí então me alimentarei direito.

Josephine, no entanto, não estava convencida do mal-estar que Suzane dizia estar sentindo. Com aquele jeitinho que só as mães amorosas têm, foi falando isso, perguntando aquilo, e de repente Suzane debulhou-se em lágrimas. Era o momento ideal e esperado para desanuviar aquele lindo semblante e livrar da torrencial tempestade aquele sofrido coração.

– Filhinha, você está chorando de novo.

E enlaçando-a carinhosamente, continuou:

– Conte para a mamãe, conte meu amor. O que está acontecendo? Quem sabe a mamãe pode te ajudar.

– Conto sim, mamãe, mas não aqui. Vamos para o meu quarto.

Josephine com o coração retalhado, esforçando-se para não chorar e com isso aumentar o desespero da filha, acompanhou-a. Sentadas na cama lado a lado, Suzane tomou coragem e começou:

– Mamãe, eu não menti ao dizer que estava com dor de cabeça. Apenas ocultei o motivo que provocou a dor e todo o mal-estar que estava sentindo. Vim para casa arrasada. Toda coragem e força que eu pensei existir dentro de mim, esvaíram-se do meu ser. Fiquei totalmente indefesa.

– Por favor, Suzane, não aumente ainda mais a minha aflição. Estou sofrendo tanto quanto você.

– Está bem, mamãe. A senhora e o papai devem ter notado que aquele padre olhava muito em nossa direção. Aquela figura sinistra é o Robert Reinaux, um ex-colega de escola. Estudávamos juntos no colégio e ainda tenho guardado numa caixinha todos os bilhetes de amor que ele me enviava.

– Deus meu, então é isso. Papai e eu achamos esquisito e até um certo ponto, atrevidos aqueles olhares. Agora está explicada a razão daqueles olhares acintosos.

– Fique tranquila, mamãe, tranquilize também papai e os manos. Uma nova Suzane está despontando para a vida.

Dois meses distanciaram Suzane daquele infausto domingo, quando ela, convencida do desmoronamento do seu mais lindo sonho de amor, constatou que Robert Reinaux não mais poderia ser dela, mas sim, passou a pertencer à Igreja.

Foram sessenta dias difíceis, tristonhos e amaríssimos. De manhãzinha, quando tudo enseja para se ter um dia ameno, alegre e feliz, Suzane levada pela influência de seu coração dócil, apaixonado, deixava o barco da incerteza deslizar até ao oceano das lágrimas. Somente com um esforço inaudito[1] conseguia retornar ao mundo da realidade.

Da dura e cruel realidade ela estava convicta, porém, era difícil um consenso entre o amor ferido e a razão contundente. Ao contatar-se, no entanto, com o público e colegas de trabalho, suas mágoas ficavam às margens dos acontecimentos, nem sempre agradáveis, que ocorriam por toda cidade.

Alguns meses depois, o brando e suave vento da sorte assoprou serenamente seu barco ao encontro de Jean Pierre. Não que a imagem de Jean Pierre fosse lembrada com carinho por ela em suas reminiscências do passado, mas *para curar uma doença amorosa, nada melhor que um novo amor!*

O venturoso encontro deu-se num final de semana, quando Josephine e ela visitavam

1 Inaudito: Novo, desconhecido; de que não há exemplo.

algumas lojas do centro, a fim de comprar agasalhos, pois o inverno anunciado deveria ser rigoroso.

Assim que Jean a viu entrando na loja, foi a seu encontro, e se aproximando, ofereceu-se para atendê-las. Suzane, surpreendida, o cumprimentou, e cortesmente encarregou-se das apresentações. Sem que se apercebessem, naquele momento mágico, Eros, o deus do amor, segundo a mitologia grega, atirou a sua cupidinosa flecha do amor, acertando um duplo alvo: seus corações. Daquele encontro, digamos, casual, e embora de maneira morna e sem ardência, nasceu um amor verdadeiro e promissor, daqueles que começam na lentidão, quase parando, mas tornam-se duradouros.

O momento, o instante em que a criatura está vivendo é importantíssimo. É justamente esta a parcela infinitesimal do tempo que se tem para plasmar o futuro.

Quase sempre nos enganamos quando tentamos analisar os fatores tempo e valor.

Senão vejamos: Jesus, a *expressão máxima* da sabedoria e do amor que se tem notícia, ensinou em poucos anos, o que viveu a vida toda. Nós, que há mais de 2 000 anos depois Dele, estamos em estágios sucessivos na Terra, ainda não aprendemos quase nada dos maravilhosos ensinos que Ele nos passou.

Na atualidade terrena, os que têm uma vida esplêndida podem ordenar que sua putrescível carcaça seja encerrada depois da morte em mausoléus. Jesus no cimo do Calvário prometeu a um de seus companheiros de martírio:

> Em verdade, em verdade te digo que hoje mesmo estarás comigo no paraíso. Jesus, (Lucas, 23:43).

Esforcemo-nos o máximo possível no sentido de conjugarmos o nosso tempo de vivência na Terra com os valores morais que o Cristo bondosamente nos passou. Caso contrário, até poderemos ter nossas tumbas ricamente ornamentadas, mas sem a vivência cristã, não poderemos sonhar jamais com o paraíso.

Jean Pierre e Suzane passaram a se encontrar nos finais de semana, mesmo porque o rapaz tornou-se amigo de François e Leonel, irmãos da moça. Era comum saírem juntos aos domingos à tarde, quando então, aos irmãos François e Leonel, juntavam-se suas namoradas, Isabelle e Marly, respectivamente.

Para a família Lainard, o encontro e a camaradagem daqueles jovens significava a volta da paz àquele lar. Nunca mais viram Suzane com o rosto orvalhado pelas lágrimas e nem ensimesmada pelos cantos. Voltou a sorrir e a acreditar em Deus e na vida.

Ela, evitando encontrar com Robert, nunca mais voltou à Catedral de Saint Germain e evitava falar dele, no que Maurice e Josephine estavam de acordo, pois os mesmos também não puseram mais os pés naquela igreja. Mal sabiam que o padre Reinaux, por vezes diversas, disfarçadamente, esteve rondando nas proximidades de onde moravam.

Entre os familiares de Jean, filho único, a felicidade também bafejou ao restituir-lhe o sorriso e a alegria. Da taciturnidade, da apatia constante, passou a sorrir, a cantar, demonstrando que entrara na sintonia do amor.

Num final de semana em que os casais de namorados saíram juntos, Robert que estava de espreita, viu Jean estreitar Suzane em seus braços e quase perdeu o seu autocontrole. Ficou furiosíssimo, quase a ponto de não se importar em sair de seu anonimato para atacar Jean Pierre. O ódio faiscava em seus olhos, seus lábios tremiam, sua face em gestos desvairados, fazia-o retorcer-se todo. Somente conseguiu se acalmar após o afastamento dos namorados, e então, respirando lenta e profundamente, voltou a seu normal, que a bem da verdade, não era tão normal assim, pois é impossível demonstrar tranquilidade carregando dentro do ser um vulcão em constantes erupções.

A partir daquele momento, o padre Robert Reinaux, se consultado fosse por um psiquiatra, seria catalogado como um louco. Seus agitados pensamentos mais pareciam uma biruta de aeroclube. Mudavam de direção a qualquer momento, obedecendo à impulsão do vento.

Infelizmente, quando o ser humano deixa-se dominar pelos sentimentos baixos, rasteiros, sofre logo as consequências que advêm de todas as loucuras que passará a cometer. Isso porque, há em todos os seres, um tribunal chamado consciência que tudo registra e, mais cedo ou mais tarde, através do remorso, passará a cobrar os danos causados, que a memória registrou.

Robert Reinaux, apesar da respeitabilidade que a batina lhe proporcionava, tinha em seu íntimo um quê de malígno que, exaustivamente, sua mente doentia afagava e que o levaria ao total desatino.

Capítulo 5

O rapto

Corria o ano de 1572, logo nos primeiros meses, quando o padre Robert Reinaux decididamente perdeu o controle de seus atos. Na escrivaninha de seu quarto rabiscava e rasgava nervosamente folhas de papel nas quais esboçava um plano sinistro. Passou alguns dias tentando encontrar uma maneira de executar um rapto no bairro onde Suzane residia, sem levantar suspeitas. Durante o dia, após seus afazeres como membro da Igreja, dedicava-se adoidadamente nesse mister infeliz. À noite, contudo, tendo o retorno de tudo o que desvairadamente maquinava, retorcia-se em estertores sob a influência de terríveis pesadelos.

Alguns meses se passaram e o Pe. Reinaux ensandecido, enlouqueceu-se de vez. Conseguiu finalmente detalhar o seu plano macabro. Para pôr em execução o nefando sequestro que elaborou minuciosamente, contaria com a ajuda de um servente da Catedral de Saint Germain, um homem meio abobalhado e forte, mas que de forte mesmo só tinha os músculos, pois sua cabeça oca, a bem da verdade, só servia como criadouro de parasitas.

No comecinho de julho, numa noite trevosa que prenunciava forte tempestade, Reinaux e Honoré, mais conhecido por Bolão, foram até ao bairro onde Suzane morava, e o infeliz padre detalhou pormenorizadamente o que deveria ser feito para que o sequestro se consumasse com segurança, e de maneira a não levantar suspeita.

Bolão, um tanto confuso, com sua voz mais parecendo a um grunhido do que uma fala humana, perguntou:

– Mas quando eu devo raptá-la?

– Ora essa, Honoré, eu já não disse que é preciso vir todas as noites aqui? Numa dessas noites você a abordará. Amordace-a, amarrando-a bem firme para que seja mais fácil transportá-la. Em seguida, você a conduzirá ao esconderijo que lhe mostrei. O Revdo. M... já está sabendo, pois eu disse tratar-se de uma desprezível huguenote.

– Tudo bem, tudo bem. Depois disso eu vou buscar o dinheiro que o senhor me prometeu.

– Tá, tá Bolão. Isso a gente acerta depois.

O desajeitado comparsa de Robert espreitou impacientemente uma semana e meia à espera do momento azado para desincumbir-se do que lhe fora ordenado. Um dos vizinhos de Maurice Lainard ficou desconfiado por ver às noitinhas aquele homem estranho rondando, todavia, apenas ficou na desconfiança. Ninguém poderia supor que dentro de alguns dias, alguém daquele bairro fosse raptado.

Capítulo 5

A tão esperada oportunidade chegou numa quinta feira chuvosa quando Suzane teve que se abrigar da chuva na casa de uma colega de serviço, e por isso teve que chegar mais tarde. A pobre moça caminhava lentamente devido à lama causada pela enxurrada, e já estava bem perto de seu lar quando foi apanhada. A ausência de pessoas na rua e o negror da noite facilitaram tudo.

Honoré aproximou-se por trás com um pano embebido em éter, abraçou-a e colocou um pedaço de tecido molhado em suas narinas. Com Suzane entorpecida pelo éter, o brutamontes teve facilidade para cobrir seu corpo com um lençol escuro e levou-a depressa a uma carroça que estava à espera.

Algumas horas depois, em localidades bem diferentes da bela Paris, duas situações díspares se apresentavam, causando contentamento entremeado de acessos de risos em um, e noutro, gestos de loucura extravasados de imensa tristeza.

Robert Reinaux, com os olhos desmesuradamente abertos frente ao precioso fardo que Bolão depositara em uma cama velha, mais parecia um tigre feroz e faminto, frente a uma lebre indefesa. Saltitava, esfregava as mãos assassinas, enquanto numa intensa agitação, só faltou gargalhar, o que não fez para não ser descoberto e pego com *a mão na botija*. Mais parecia um garoto pobre diante de seu primeiro brinquedo.

Algumas horas depois, a infeliz Suzane foi aos poucos recobrando os sentidos e gritou horrorizada por se encontrar naquele local estranho. Quando se deparou com a figura sinistra de Robert Reinaux gritou desesperada e desmaiou. Reinaux alucinado, quase à beira de um ataque de nervos, estapeou por diversas vezes o seu lindo rosto tentando acordá-la, mas em vão. A infeliz só foi acordar no dia seguinte.

Enquanto isso, a família Lainard, desesperada, sem atinar com o que tinha acontecido com Suzane, andava feito barata tonta de um lado para o outro sem saber qual atitude tomar.

Foram os vizinhos mais próximos que, movidos pela compaixão, tomaram frente ao acontecimento, organizando buscas pela redondeza, e até mesmo na casa de amigos e colegas da moça, mas tudo em vão. O pedaço de chão que formava aquela rua, palco de uma brutalidade sem conta, já secara, apesar da torrencial chuva da tarde. Os olhos dos familiares de Suzane, no entanto, ainda conservavam-se molhados. Ainda restavam lágrimas a fluir até serem esgotadas por completo.

O nosso orbe terrestre por estagiar entre *os mundos de expiações e de provas*, é um misto de escola e de hospital. Por outro lado, pelos desastrosos acontecimentos provocados pelos seus habitantes, assemelha-se a uma noite tempestuosa. A escuridão da noite é riscada pelo ziguezaguear dos raios, quando o silêncio noturno é interrompido pelo ribombar dos trovões, e as fortes chuvas assemelham-se às lágrimas contínuas que deslizam marcando tantos rostos.

Felizes os que, previdentemente, buscam na oração e no trabalho nobre o abrigo para se livrarem das tormentas constantes.

Não há como se esquivar do pranto enquanto houver consciências obnubiladas[1] pela maléfica influência do egoísmo destruidor. Somente a criatura que burilou os sentimentos na oficina do bem, consegue ter paz e viver feliz.

A ausência de Suzane deixou aquela casa à feição de um jardim sem flor, de um mundo sem sol, de uma noite sem estrelas e sem luar. A pavorosa, a aziaga noite negra lançou espessa escuridão sobre todos, desalojando de lá a serenidade e a paz reinantes.

No dia seguinte ao rapto de Suzane, François foi avisar Jean Pierre do que ocorrera. O pobre rapaz ficou sem ação, não sabia o que dizer. Em seu íntimo, as cenas que presenciou num triste acontecimento uma semana atrás, pareciam repetir-se naquele momento. Sem conseguir concatenar seus pensamentos,

1 Obnubilar: Tornar-se obscuro; escurecer-se.

e sem ter como consolar a François que chorava, tornou-se lívido e desmaiou.

Após o atendimento dos colegas a pedido do gerente da loja, Jean Pierre foi dispensado, pois não teria condições psicológicas para continuar atendendo o público naquele dia. Estava arrasado, não entendia como alguém como Suzane que só vivia para o trabalho e a família, fosse desaparecer assim, como por um encanto.

Entretanto, apesar de sentir seu coração extravasado pela angústia, Jean conseguia raciocinar mais que o irmão de Suzane. Enquanto caminhavam rumo à casa dos Lainard, perguntou:

– François, você tem certeza que ninguém viu nada? Já indagaram isso a todos os vizinhos?

– Olhe, Jean, foi bom você ter formulado essa pergunta, pois tenho certeza que ouvi alguém dizendo ter visto um homem gordo rondando a nossa rua à noite. Se Deus quiser hei de me lembrar quem foi.

– Por tudo quanto há de mais sagrado, François, tente se lembrar. É necessário que haja uma pista para começarmos a fazer as buscas. Ninguém desaparece assim de uma hora para outra.

– Estou tentando Jean, mas a minha cabeça está tão confusa, mais parece um arquivo de lembranças fragmentadas.

Com a chegada de Jean, Josephine lembrou-se da filha e pôs-se a chorar desconsoladamente. Não conseguiu de maneira alguma se controlar. François e Maurice abraçaram-na ao mesmo tempo, tentando restituir-lhe a calma, o que foi conseguido, pois François relatou à família ter certeza de que um dos vizinhos vira uma figura estranha rondando a rua, dias antes do rapto de Suzane. Isso foi suficiente para acender no coração daquela mãe a chama da esperança.

Indagado pelo pai se tinha certeza do que estava falando, François esclareceu:

– Sim, papai. Só não estou conseguindo me lembrar da pessoa que fez essa declaração. Creio que seja melhor conversarmos com todos e perguntar. Só assim teremos como começar a procurar Suzane.

– Então comecemos agora. François, você e o Jean procurem falar com os vizinhos do lado direito que eu e o Leonel falaremos com os do outro lado.

Indagaram de casa em casa e depois de percorrer diversas, Maurice obteve a seguinte informação de Gustave, um dos moradores mais antigos do bairro:

– Sim, Maurice, pelo menos umas duas vezes ou três, deparei-me com uma pessoa estranha em nossa rua – disse Gustave. Era um homem de boa estatura, um tanto gorducho e calvo.

– Obrigado, Gustave, graças à sua informação teremos condições de começar a procurar minha pobre filha.

A referida busca teve início naquele exato momento, porém, seria como procurar agulha num palheiro. Existiam tantas pessoas com a descrição dada por Gustave e isso dificultava tudo.

Somente uma associação de acontecimentos nos dias futuros ou um golpe de sorte, poderia fazer surgir alguma notícia que serenasse a ansiedade dos familiares e dar uma resposta às indagações dos que se empenhavam naquele difícil mister.

Capítulo 6

A procura

Suzane, tremendo de pavor ao sentir-se sozinha naquele cubículo úmido e mal iluminado, chorava de tristeza por ter que suportar o mal-cheiro daquela furna que mais parecia um criame de ratos. Ela que nunca pousara numa casa estranha, que nunca dormira noutra cama, que não a sua, sentia-se o ser mais desprezível vivendo na face da Terra e, para piorar, perdida no meio daquela escuridão. Ali, encolhidinha num canto do pequeno quarto, remoía em seus pensamentos a desdita de estar vivendo num tempo em que tudo era possível em nome da religião.

No dia seguinte, logo às primeiras horas, apareceu Reinaux trazendo um pacote com alimentos e o colocou na frente da moça. Soltando agoniados gemidos pela garganta afora, com os lábios trêmulos de raiva, Suzane desabafou:

– Então é assim que você serve ao Senhor, abusando da fraqueza de uma mulher indefesa?

– Cala-te, Suzane, quem é você para me questionar? Enquanto amarguei anos a fio num estudo para o qual não tinha vocação, você ficou no bem bom ao lado de sua família, podendo se encontrar à vontade com aquele idiota do Jean Pierre. Eu, para minha infelicidade, tive que me afastar dos meus, perdi você, e vi o sonho que acalentei durante longos anos desfazer-se como acontece às brumas da manhã com o aparecimento do sol.

– Por acaso você acha que sou a culpada dos seus sofrimentos? Você não aprendeu na sua igreja que será dado *a cada um segundo as suas obras*? Eu não movi um dedo, aliás, nem um pensamento contra você. Por que você está fazendo isso comigo? Tenha piedade de mim, de minha família. Solte-me! Mamãe que nunca teve boa saúde deve estar às vascas da morte.

– Nem sonhe com isso, moça. Só a soltarei quando você aceitar ser minha. Sua negativa decretará o fim dele, do seu amado. Sei que não sou mais um homem comum e não posso ter você como minha esposa, mas tenho um coração dentro do peito. Você terá que me aceitar como padre, pois sou covarde demais para abandonar a batina.

– Esqueça-me. Jamais concederei algo de mim a você, Pe. Robert Reinaux, nem mesmo em sonho, pois acho impossível, alguém sem entranhas ter sonhos, pois que eles transformam-se em pesadelos. Com toda certeza você vive a digladiar-se em seus pesadelos e quem sabe numa noite, você se fine ao travar com o demo a sua batalha final.

– Pior para você, querida. Se esse dia chegar, acabarei com você. Também será o seu fim.

A maioria das criaturas humanas ainda não se apercebeu que permanecem envolvidas em suas próprias criações mentais. Assim, todo cortejo de tristezas, decepções e insucessos encontrados no caminhar de cada ser, fica por conta do que emana mentalmente do interior de cada um e de suas boas ou más realizações.

A religião se vê impotente para aliviar os seus fiéis mais devotados. Isso, porque a bênção do alívio não será levada de fora para dentro, pois flui de dentro para fora, a partir da reforma mental de cada criatura.

A ciência médica e as religiões, muito embora respeitáveis, têm reformulado conceitos, mudado nomenclaturas, mas não estudando o espírito imortal e seus vínculos com o passado, não atingirão os seus objetivos.

Albert Einstein estava coberto de razão ao afirmar:

> A ciência sem a religião é manca, a religião sem a ciência é cega.

Quando será que Ciência e Religião irão se unir para extinguir o caos no qual se debatem as criaturas humanas?

As buscas visando encontrar o paradeiro de Suzane Lainard continuavam, mas sem nenhum resultado. Era complicado procurar alguém no meio de um amálgama[1] de acontecimentos tal qual o povo francês estava vivendo. Do que se propalava, e da aparente diplomacia dos religiosos endinheirados, sobravam para a plebe aflita somente dissabores devido aos desmandos das mentes obtusas e de tantos corações empedernidos.

Cientificadas sobre o desaparecimento de Suzane, as autoridades prometeram empenho no caso, mas a situação era idêntica a uma minúscula brigada de combate frente a diversos focos de incêndios devastadores: não tinham condições de atender tantos pedidos para intervir em diversas partes da cidade.

No entanto, se consultarmos o Evangelho de Jesus vamos encontrar:

> Nada há oculto que não haja de manifestar-se; nem escondido, que não venha a ser conhecido e revelado. Jesus, (Lucas 8:17).

---

1 Amálgama: Confusão; mistura ou ajuntamento de coisas.

Algumas semanas após o desaparecimento de Suzane, o vizinho que disse ter visto uma pessoa estranha naquela rua, foi com a esposa assistir a uma missa na Catedral de Saint Germain e enquanto ouvia atento ao sermão daquela manhã, viu e reconheceu a Honoré. Cochichou algo ao ouvido da esposa e saiu apressado. Meia hora mais tarde retornou trazendo Leonel e Maurice com ele, mas nessas alturas a missa já estava em seu final e o serviçal da catedral já tinha desaparecido.

Tudo tinha que ser feito com muita calma e de maneira a não espantar Bolão, pois se desconfiasse que estava sendo procurado, tanto ele quanto seu mandante, poderiam agir com mais cautela e dificultar ainda mais as buscas.

Com a impossibilidade de encontrar alguém no meio de tanta gente, Maurice e Leonel ficaram desapontados, pois tinham como certo terem encontrado o ponto de partida para localizar Suzane.

Retornaram para casa desiludidos, decepcionados, mas combinaram retornar a Saint Germain em todos os finais de semana, pois era necessário descobrir quem era o homem, e quem o mandou raptar Suzane.

Logo após o almoço, chegou Jean Pierre e o assunto voltou à baila. Ninguém tinha imaginado, nem mesmo cogitado de ser Robert Reinaux quem estava por trás do sumiço da moça, afinal Robert era um padre. Foi Jean quem os alertou dessa possibilidade, pois Robert desde criança era apaixonado por Suzane.

Maurice começou a relembrar o modo estranho, os olhares acintosos dirigidos à filha no dia em que estiveram na catedral. Naquele momento, ouvindo o relato de Jean sobre a atração que Suzane exercia sobre o então Pe. Robert Reinaux, não teve mais dúvidas. Robert era o mandante.

Algumas semanas mais tarde, François, Jean e Gustave foram à catedral e conseguiram ver Honoré levantar-se a fim de abrir as cortinas para que o coral cantasse no encerramento da missa. Gustave levantou-se todo afobado e disse em voz alta:

– É ele.

– Calma, Gustave – pediu Jean Pierre. Mostre-nos, mas devagar. Desse jeito você vai espantá-lo.

– É aquele careca que está rente ao puxador das cortinas.

– Você tem certeza, Gustave? – perguntou François.

– Mais que isso, tenho vontade de ir até lá, pegá-lo pelo pescoço e esganá-lo.

– Vamos ter muita calma – pediu François. Saiamos daqui devagarinho e procuremos nos aproximar dele. Quando estivermos bem perto, só então o agarraremos.

Com muita dificuldade, devido à presença dos fiéis que permaneciam em seus lugares acompanhando o coral, os três homens foram se aproximando do rechonchudo e tentaram agarrá-lo, porém, em vão. Com um forte safanão, Honoré conseguiu desvencilhar-se e saiu correndo rumo ao fundo da igreja.

Armou-se no momento uma enorme confusão naquele fundo de palco, e naquele corre corre, Robert Reinaux reconheceu Jean. Daí até a dedução de que Jean e a família de Suzane já estavam sabendo de tudo foi coisa de segundos.

Com a confusão criada pela tentativa de agarrar Bolão, os fiéis mais próximos atiraram-se em defesa do serviçal da igreja e os três tiveram que fugir. O desejo de saber quem estava por trás daquele rapto apenas ficou na tentativa.

Robert Reinaux, mais zangado que receoso de ser descoberto, dirigiu-se após a missa ao local onde se encontrava Suzane. Entrou transtornado, feições congestas, pois via-se diante da possibilidade de ser descoberto. Rodeou a moça como um tigre feroz antes de apanhar a presa e lembrou-se naquele momento de algo que ainda não havia pensado: os tristes acontecimentos que se desenrolavam na belíssima Paris nos últimos dias facilitar-lhe-iam mais um atentado. Agora, seria a vez de seu rival de longos anos: Jean Pierre.

Estacou-se espavorido, trêmulo e delirante diante de Suzane, agindo como um demente. Olhando-a como se olha a um ser desprezível, foi soltando uma carrada de impropérios e acusações:

– Sua desgraçada, por sua causa encontro-me à beira das portas infernais. Já não consigo mais um minuto de paz sequer. Para piorar tudo, o seu galã esfarrapado e seus familiares já devem estar sabendo de tudo, pois estão atrás de mim e do meu homem de confiança.

– Pode-se saber em quem você confia tanto Robert? Dentro de uma religião, mais particularmente dentro de uma igreja, o ser que deveríamos ter maior confiança não seria Jesus?

– Que Jesus, que nada. Tornei-me padre a contragosto, pois fui forçado. E não aceito Jesus como o *Príncipe da paz*. Que príncipe é esse que deixa os seus profitentes ao sabor de todos os tipos de adversidades?

– Ora essa, que coisa mais absurda, Pe. Robert! Então devido à sua descrença, ao desengano que assenhoreou seus dias, você se põe a ferir as demais criaturas? Onde estão aquelas palavras, aquele romantismo extravasado nos bilhetes de bordas douradas que você me enviava desde criança? Com certeza aquelas belas palavras não partiam de seu coração, mas sim de sua mente obtusa e egoísta, pois quem ama ajuda, ampara, compreende. O oposto do que você está fazendo.

Reinaux, chorando convulsivamente, saiu, deixando o fétido quarto onde estava Suzane. Andou a esmo pela rua até que os fervilhantes pensamentos se aquietassem dentro de seu cérebro conturbado. Assim como o encontro de certos elementos provoca erupções vulcânicas, os anseios insatisfeitos, a desesperança, somados ao ódio voraz que o infeliz padre carregava dentro do coração, faziam dele uma pessoa infeliz e extremamente perigosa. Sua incontida fúria, seu desequilíbrio mental, poderiam como um vulcão, lançar a qualquer momento, lavas incandescentes arrasando tudo ao seu redor.

Capítulo 7

A morte de Jean

Agosto de 1572. O povo francês vivia dias pavorosos, trágicos e cheios de sobressaltos. A violência grassava abertamente e não apenas em Paris, mas também nas cidades de Toulouse, Bordeaux, Angers, Lion e outras. Cenas alucinantes de horror evocando a barbárie dos séculos já distanciados no tempo e esquecidos pelos homens, eram apresentadas ao vivo e em cores, em qualquer canto da bela Paris.

O povo francês pagava um preço alto em demasia devido à excentricidade da rainha-mãe Catarina de Médici, da passividade de Charles-

Maximilien, o rei, e pela falta de religiosidade dos que se diziam religiosos.

Os estudiosos da Terra ainda não conseguiram avaliar a contento o porquê de tantos acontecimentos desagradáveis que infelicitaram, e ainda infelicitam a nossa humanidade. Muitas teorias são expostas, mas apesar de respeitáveis, não explicam na essência, os fatores que influem ou geram tantas tragédias.

Após uma triste ocorrência, surgem comentários variados, tentando elucidar a causa do desastre, como alguém de per si ou coletivamente fracassou ao cometer atrocidades sem conta. Todavia, os mesmos erros repetem-se no dia a dia, indicando que tais teorias são ineficientes para a correção de tais problemas. Enquanto as criaturas terrenas não se afinizarem com as Leis do Criador, viverão à mercê desses acontecimentos que só ocorrem devido ao egoísmo exacerbado de uns e a inexistência de amor dos demais.

A teoria sem a prática não traz resultado algum. Qualquer teoria, por mais nobre que seja, continuará sendo apenas uma teoria se continuar circunscrita no acanhado âmbito em que foi criada. Somente quando todos os seres entrarem na sintonia do amor perfeito, *aquele que o Cristo ensinou e viveu*, o nosso mundo terá paz e felicidade. Mas, por enquanto, como diz o Eclesiastes: *a felicidade não é deste mundo!*

Robert Reinaux, como comumente se diz, *esfriou a cabeça* e retornou para perto de Suzane. Queria conversar com mais calma, pedir-lhe perdão pelas ofensas e sondar a possibilidade de uma união amigável. Todavia, nos moldes que a *união amigável* foi exposta, outra tempestade desabou, lançando raios fulminantes por todos os lados. Suzane não conseguia entender como alguém que privou de sua companhia nos tempos escolares mudasse tanto assim. Tentou dialogar civilizadamente, mas em vão. O Robert de então tornara-se um homem possessivo e tremendamente egoísta, e nada conseguia ver além de seus próprios interesses. Ao ser inquirida se aceitava as suas condições, respondeu:

– Você só pode estar louco. Como posso aceitar ser sua mulher se não o amo. Além disso, só em pensar nessa possibilidade fico enojada. Jamais prevaricarei entregando o meu corpo a um homem sem escrúpulos, que não tem dó nem piedade de ninguém, um verdadeiro monstro.

– Seja razoável, Suzane. Você não acha mais vantajoso aceitar o meu amor, a minha ardente paixão, do que continuar prisioneira até findar seus dias?

– Engano seu, meu caro. Prefiro a morte a entregar-me a você. Além do mais, tenho esperança que Jean Pierre me encontre um dia, e aí então, entregar-me-ei ao grande amor de minha vida.

Essas palavras de Suzane eram como chibatas a chicotear o seu orgulho ferido. Ouvindo-a falar daquela maneira, considerava a segurança, a firmeza de suas palavras uma intransponível e forte barreira impedindo-o de avançar rumo ao alvo ardorosamente cobiçado.

Reinaux não se conteve. Com os olhos prestes a saltar das órbitas, com a face transtornada pela raiva, desferiu-lhe tamanha bofetada no rosto, deixando-o marcado pelo sinal do anel que trazia num dos dedos.

Altiva, firme em sua decisão, voltou a falar:

– Não adianta, Robert. *Os violentos nunca conseguem por completos, os seus objetivos. Quanto mais lutam, mais se afastam deles. A felicidade não é conquistada pela força, mas pelo amor oriundo do coração repleto de amor.* Você até poderá, após a minha morte, apossar-se de meu corpo, porém minh'alma, o meu amor, você jamais terá.

As palavras de Suzane doíam-lhe no mais profundo do ser. Jamais imaginou que houvesse tanta resistência assim por parte de uma mulher. Ao fazê-la prisioneira tinha plena certeza que em troca da vida ela poderia ceder, no entanto, o que constatava era completamente o contrário. Suzane mostrava-se uma mulher de fibra. Metaforicamente falando, *um osso duro de roer.*

Enquanto isso, em outra parte da cidade, apesar da tentativa fracassada, Jean e um ou outro dos irmãos de Suzane retornavam sempre nos finais de semana à Catedral de Saint Germain. Pela lógica, e por não ter nada melhor, a igreja de Saint Germain continuava sendo a única opção como pista. Tinham certeza que dia mais, dia menos, haveriam de arrancar a verdade da boca de Honoré. Acusar Robert sem provas seria uma temeridade, mesmo porque, com a intolerância que reinava no seio da Igreja, tal atitude equivaleria a um pedido de sentença de morte.

Robert Reinaux, quando finalizava a missa, saía de fininho, apressado, tão logo pronunciasse a última frase. Procurava esconder-se e só então, ia para sua moradia ou onde se encontrava Suzane.

Na impassividade do tempo a escoar-se através das horas, Jean e os desesperados

Lainard continuavam na incessante busca. Suzane definhava a olhos vistos sob o peso de inenarráveis sofrimentos e o cruel e insensível Pe. Robert Reinaux, arquitetava uma maneira de eliminar a presença de Jean Pierre da face da Terra.

Na noite de 23 para 24 de agosto, toda Paris estava marcada para ser o palco de assassínios e selvageria sem conta. Robert aproveitou essa oportunidade para executar o seu plano de exterminar Jean Pierre.

Um dia antes, os brutamontes que o Pe. Robert contratou com a finalidade de assassinar Jean Pierre, espreitaram-no durante a tarde e o acompanharam quando saiu da loja em que trabalhava. Seguiram-no até terem uma chance de capturá-lo. Quando o pobre moço passava por uma rua envolta em penumbra e deserta, foi apanhado, arrastado e conduzido para um quarto escuro onde ficou amarrado até chegar a hora de ser supliciado juntamente com os huguenotes.

O macabro espetáculo que se desencadeou naquela noite manchou de sangue as ruas da belíssima Paris. As cenas eram dantescas. Com certeza, pensamento algum, até mesmo o mais atrevido as ousasse conceber. Eram corpos e mais corpos esfacelados, cabeças decepadas, crânios despedaçados de homens, de mulheres e até de crianças.

Jean Pierre foi brutalmente arrastado a uma praça onde já existiam muitos corpos ensanguentados e espalhados de maneira desordenada. Poder-se-ia dizer que as cenas brutais que ocasionaram a morte de milhares de cristãos no circo romano, eram menos tétricas do que aquelas que se podiam ver naquele momento.

Podemos relembrar aqui ensinamento de Jesus sobre a *verdadeira pureza*:

> Porque do interior do coração dos homens saem os maus pensamentos, os adultérios, as prostituições e *os homicídios*. Jesus, (Marcos, 7:21).

O pobre prisioneiro gritava, procurava falar, dialogar, chamar de alguma maneira a atenção de alguém para o que lhe estava acontecendo. Porém, os *Justiceiros*, grupo temido na cidade por tantos atos de crueldade, taparam-lhe a boca, impedindo o seu intento.

Com o intuito de deixá-lo horrorizado, os agressores tiraram-lhe o capuz que lhe vendava os olhos e o pobre rapaz pôde constatar as atrocidades cometidas em sua volta. Logo em seguida, os desalmados lhe aplicaram tamanha pancada na cabeça, que o fizeram tombar exânime. E somente depois, com requintes brutais, o apunhalaram covardemente. Jean bastante atordoado pela pancada, a contorcer-se de dor não conseguia conter as golfadas de sangue que lhe escorriam da boca. Suas forças esvaiam-se, o seu fim se aproximava. Buscou então a Deus em pensamento e pôde vislumbrar naquele momento um ser luminoso a lhe sorrir, encorajando-o em sua agonia. Era o prêmio a ele outorgado por pertencer ao número dos que acreditavam no bem e na verdade.

O pânico se espalhou por todos os cantos e por todas as ruas, infiltrando-se no seio de tantas famílias e parecia não ter fim. Uma inesgotável fonte de lágrimas pôs-se a jorrar continuamente, e por longo tempo, marcando os olhos de famílias respeitáveis e avessas àquele tipo de coisas ignominiosas.

O descontentamento e o inconformismo corriam soltos desde há muito, devido às guerras civis entre católicos e protestantes, porém, alguém jamais poderia supor que aquele estado de coisas pudesse acontecer. Com o tratado de Saint Germain, houve um decréscimo nas animosidades existentes, porém, os católicos, mais intransigentes, não aceitavam aquela paz. A admissão de Coligny[1], líder dos huguenotes, ao Conselho Real, fez com que se reascendessem os conflitos.

A rainha-mãe, Catarina de Médici, usava todos os artifícios e o poder de persuasão que tinha sobre o filho, insuflando-o contra os inimigos, mas com sua vivacidade, procurava manter-se sempre incógnita.

Imaginemos, mesmo que seja por um instante apenas: o desespero de alguém ao ver seu ente querido sendo arrastado de sua residência, levado a uma praça para ser cruelmente truci-

1 Coligny: Almirante Gaspard Coligny.

dado! Por todos os lados as mesmas cenas, os mesmos gestos: pessoas desvairadas a gritar clamando socorro, quase à beira da loucura.

A família Bittencourt já tão castigada com o sofrimento do filho pelo desaparecimento da namorada, agora unia-se aos prantos dos Lainard, pois Jean também desaparecera.

Uma tentativa de busca nas atuais condições em que as ruas de Paris se encontravam, seria extremamente perigoso. Alguma coisa, porém, teria que ser feito. Onde estaria Jean Pierre? Teria sido raptado também ou então morto como os infelizes huguenotes?

Essas eram as perguntas que, mesmo não articuladas verbalmente, não deixavam de apoquentar aquelas almas martirizadas pelo sofrimento.

Capítulo 8

Triste realidade

A França daquele tempo esteve sempre sujeita aos jogos de interesses dos poderosos. Era uma arena aberta para os mais absurdos acontecimentos. Um clã familiar muito poderoso, os de Guise, inconformados com a presença de Coligny no Conselho Real, fizeram de tudo para anulá-lo. Isso porque tinham desconfiança de que Gaspard Coligny fora o autor da morte de François de Guise.

No meio de tantas tramas bem urdidas e de tantos conluios, a batalha entre os dois mundos, *o material e o espiritual inferior*, afervorava-se em astúcias, manhas e artimanhas de ambas partes.

Pode-se dizer que o estopim que transformou num pavoroso incêndio a noite de São Bartolomeu foi o atentado sofrido pelo Almirante Coligny em 22 de agosto de 1572, quando Maurevert *(Charles de Louvier)* errou o alvo, deixando-o apenas ferido na mão e no braço, embora haja outras versões.

Diante desse fato, o rei Carlos IX, na tentativa de amainar o clima tenso que se formara, visitou Gaspard Coligny em seu leito no dia seguinte ao atentado e acenou-lhe com uma promessa de justiça.

No entanto, devido ao clima de guerra que pairava no ar, juntamente com a ameaça dos de Guise de se retirarem da capital francesa deixando o rei e a rainha-mãe ao desamparo, fez com que Catarina se reunisse com seus conselheiros e alertasse ao rei que existia um complô contra ele.

Debaixo de tamanha pressão, até mesmo do papa Gregório XIII, o rei aceitou o alvitre de eliminar Coligny e os seus principais-lugares tenentes, só poupando Henri de Navarra e o príncipe de Condé.

Há quem diga que depois de assinar a sentença de morte dos príncipes, influenciado pela mãe, Carlos IX teria dito:

> Que assim seja. Que os matem. Mas que os matem a todos. Que não reste um só que possa me acusar.

À zero hora da noite de 24 de agosto, as portas da cidade foram totalmente fechadas para que ninguém se evadisse e o repique de um sino da Catedral de Saint Germain deu o sinal para que começasse o massacre. Na mesma noite, os nobres protestantes foram expulsos do Palácio do Louvre e depois de rechaçados, foram todos mortos em plena rua.

Já quase ao alvorecer, o Conde de Guise, acompanhado de uma tropa, foi à casa de Coligny e o matou covardemente. Segundo a história, há quem afirme que Gaspard Coligny ainda conseguiu dizer: "Se ao menos algum homem e não este bruto me fizesse morrer..." e não conseguiu dizer mais nada. Em seguida, seu cadáver foi jogado janela abaixo e reconhecido por Henri de Guise e Henri d'Angoulême.

Uma grande e desvairada multidão algazarreando pela madrugada afora, quais famintos chacais[1], atacaram os despojos de Coligny, enquanto faziam um barulho ensurdecedor. Como se não bastasse aquele tropel, o cadáver do Almirante Coligny foi arrastado e jogado nas águas do Rio Sena.

E assim, de uma maneira sucinta e sem usar figuras fantasiosas, procuramos descrever o drama vivido pelo povo francês naquela época em que religião e religiosos, encaramujados num egoísmo atroz e destruidor, viviam distanciados de Deus, o Pai Criador.

Suzane estava reclusa naquele quarto já há alguns meses e, vivendo distante de tudo e de

1 Chacal: Mamífero carnívoro da família dos canídeos.

todos estava alheia aos tristes acontecimentos que infelicitavam o povo francês. Reinaux, num impulso calculado, só para irritá-la disse sarcasticamente:

– Você está aqui e ignora o que está acontecendo lá fora. Essa noite, por ordem do rei, alguns milhares de desprezíveis huguenotes foram trucidados em praça pública. E junto deles...

– Vamos, Robert, termine. Diga-me, qual a infeliz criatura que teve o mesmo destino dos huguenotes?

– Você não consegue imaginar? Nem suspeita?

– Ó, não, não vai me dizer que você levou avante o seu tresloucado intento!

Enquanto Suzane debulhava-se em prantos, Robert sorria com cinismo e andava de um lado para o outro, parecendo estar deliciando-se com o sofrimento da pobre moça que só sabia chorar, e ele, propositadamente, não dizia nada.

– Vamos, peste, diga-me. O que você fez com o meu querido Jean?

– Eu não fiz nada, juro. Foram os "justiciers" que fizeram.

– Maldito, mil vezes maldito! As fornalhas do inferno estão à sua espera. Um dia você sentirá na própria carne o mesmo que está fazendo a mim e aos meus. A Justiça Divina pode ser lenta, mas é inflexível.

– Pouco estou me importando com a justiça de Deus. Se houvesse justiça, eu a teria em meus braços. Não estaria distante dos meus familiares e nem mendigando uma réstia do seu amor, meu querido sol.

– Endoideceu é? Agora deu para falar asneiras? O sol que deve ser procurado por todos os que perderam a fé e a confiança em si mesmos, é Deus. Ele sim tem o remédio para todos os males que nos atormentam as almas. Você, no entanto, procede como alguém que se compraz em manter os olhos fechados. O pior cego é aquele que foge da luz. Cuidado! O constante passar das horas aliado ao seu modo de agir o conduzirão indubitavelmente a um abismo insondável e sem volta. Pondere, analise todo o seu caminhar e mude enquanto é tempo.

Robert Reinaux parecia ter perdido o senso do ridículo e continuou a molestar a pobre Suzane pelo simples prazer de vê-la sofrer. Tentar agarrá-la novamente, como já fizera por duas vezes, seria pura perda de tempo. Bem que a sua tendência em seu instinto animal, o atiçava a fazê-lo devido à alta excitação da libido, porém, nas vezes que tentara, levou a pior, pois ela era mais forte que ele. Por outro lado, seria errôneo naquelas circunstâncias, afirmar que Robert continha-se por medo ou devido à sua condição de padre. Talvez, a suposição mais acertada, seria o nojo que sentia por Suzane estar cheirando mal. A verdade é que a força moral que a mente ilibada de Suzane exercia sobre ele era o empecilho que o impedia a novas investidas contra ela. No entanto, os meses passavam e a pobre Suzane continuava à mercê daquele projeto de padre transformado num homem perigoso e sem entranhas.

Se a pobre prisioneira pudesse olhar-se num espelho, ficaria horrorizada. A maciez de sua pele rosada já apresentava vincos de algumas rugas e seus olhos esverdeados já não brilhavam tanto, iluminando seu belo rosto.

Alguns meses depois, deixou de se alimentar normalmente. E quando o fazia, sentia-se mal devido ao seu estado desesperador. O alimento não descia garganta abaixo. Enfraquecida, vergastada por uma sonolência incontrolável, passava a maior parte do seu tempo a dormir e a sonhar. Às vezes, em suas madornas, conseguia vislumbrar ao longe a adorada figura de Jean. Chamava-o com todas as forças possíveis, mas em vão. Despertava sozinha no insulamento daquele quarto transformado em cela dos horrores.

Quando Robert Reinaux aparecia, Suzane já não conseguia ter mais aquela ardência na contestação. Ele falava e ela apenas o ouvia, pois tinha dificuldades em soltar a voz devido à fraqueza que lhe arrebatara as forças. A pobre Suzane Lainard não era nem sombra da moça destemida que ali entrara meses atrás. Nem mesmo o próprio Reinaux se animava em aproximar-se dela a fim de fazer-lhe carícias, devido à péssima condição em que estava. Cheirava mal. Assemelhava-se a alguém que, perdido num deserto, tivesse rastejado por longos dias à procura de água.

Os familiares de Suzane e Jean Pierre estavam amargando os dias mais dolorosos daquela existência. Nem uma notícia de Suzane, pois Bolão, o rechonchudo raptor, fora encontrado morto a dezenas de metros do portal principal da catedral de Saint Germain. Quanto a Jean, um dos colegas de trabalho disse ter visto dentre os mortos, ao serem recolhidos, alguém parecido com ele. Era o que sabiam, e as esperanças de encontrá-lo tornaram-se apenas uma possibilidade remota.

Como a esperança é a última que morre, segundo o adágio popular, existia no íntimo de cada membro daquelas famílias a certeza de encontrá-los um dia mais tarde, mesmo que fosse num outro mundo. Um mundo sem guerras, feliz e cheio de paz.

> Se tiveres um galhinho verde no coração, os pássaros canoros nele repousarão. Provérbio chinês.

Todos os filhos de Deus ao renascerem em qualquer parte do nosso querido planeta, usando a indumentária física de homem ou de mulher, terão de enfrentar momentos difíceis e decisivos em suas caminhadas. Somente aquele que mergulhou inúmeras vezes no grande rio da evolução e previdentemente não se contaminou com as sujeiras existentes, quando aqui retorna, vem com um roteiro definido e sem sobressaltos.

A evolução de cada ser se faz de maneira sequente e sem pressa. Assim como na natureza tudo é lento e progressivo, o evoluir de cada criatura será sempre uma somatória de qualidades e uma supressão de falhas. *Se a própria natureza não dá saltos*, somente através do tempo e com muito esforço, o ser conseguirá atingir o estágio que se convencionou chamar: *o reino dos céus*. Esse reino dos céus deve ter seu início aqui mesmo na Terra, através do amor e da caridade.

Infelizmente, de mil maneiras tentam incutir na mente dos incautos a possibilidade de reabilitá-los dos erros em que estão mergulhados há milênios somente através da crença.

Crer é importante, isso não padece dúvida. No entanto, atentemos bem para o que disse um dos apóstolos de Jesus:

> Meus irmãos, que aproveita se alguém disser que tem fé e não tiver as obras? Porventura a fé pode salvá-lo? Tiago, 2:14.

Assim seja o nosso caminhar: um evoluir constante, uma infatigável luta em busca de nossa espiritualização.

Diante da dor, valorizemo-la na condição de serva fiel, cerceando os nossos passos para que não enveredemos no caminho do mal.

Diante de qualquer enfermidade, a fé aliada a um esforço contínuo pode serenar-nos a mente, propiciando-nos alívio enquanto a cura não se estabeleça.

Diante dos problemas aflitivos que visitem os nossos dias, escoremo-nos no sustentáculo da prece. Uma oração fervorosa atrai para junto de nós bons fluidos e as bênçãos de Deus.

Diante de dificuldades com os nossos familiares, sejamos como o porto: sempre aberto a uma ancoragem segura. Ninguém conseguirá ajudar ninguém mantendo-se neutro ou avinagrando com palavras de censura. Quem poderia censurar e não o faz é Deus, pois que é e sempre será *o Infinito Amor*!

O calamitoso ano de 1572 estava prestes a findar-se quando Suzane Lainard fechou os olhos para o mundo terreno. Completamente cega, sua aparência naquele fim de tarde nada tinha a ver com aquela moça atraente que um dia ali adentrou com os olhos empapuçados e banhados de pranto. Mais parecia uma pobre velha molambenta.

Mas, apesar da triste aparência, conservava em seu estado cadavérico algo contrastante: as linhas que um dia delinearam o seu belo rosto estampavam, agora, um misto de paz e beleza indescritíveis.

O espírito que animou o corpo conhecido como Suzane Lainard foi alguém que recebeu a difícil incumbência de unir em um só amplexo, entes queridos que, em tempos idos, desviaram-se das sendas do amor e do bem.

Não conseguira, é certo, arrancar a venda que toldava a visão de Robert. Os demais, entretanto, entre a doce lembrança, e o pranto de saudade, endereçavam a ela o tributo de amor e gratidão, sinal inequívoco de que sua estada no plano terreno fora sumamente proveitoso.

Partiu para o mais Alto sob raios de safirinas luzes, mas deixou um laço de amor fraterno unindo-a a Robert Reinaux que por certo os tempos futuros estreitariam.

> Aqueles que passam por nós, não vão sós. Deixam um pouco de si, levam um pouco de nós. Antoine de Saint-Exupery.

Capítulo 9

Do outro lado

Enorme claridade se fez dentro daquele cubículo escuro e nauseante. Poder-se-ia dizer que a ocorrência daquele momento assemelhava-se à descida de anjos à beira de um pântano lodoso e fétido.

Assim que Suzane foi liberada dos liames que a vinculavam ao corpo físico, com o espírito um tanto fragilizado e sonolento, foi transportada a um enorme hospital do espaço. Entidades bondosas acolheram-na com presteza e a conduziram com carinho a uma nova dimensão onde a morte é apenas uma simples palavra e com um significado bastante diferente do que os pobres humanos entendem.

Internada num quarto arejado, com amplas janelas, e todo enfeitado por lindos quadros e vasos de flores, dormiu até o dia seguinte, acordando sob os cuidados de Isabela, a enfermeira de plantão. O Dr. Almeida, dedicado servidor daquele hospital, prescreveu-lhe bastante líquido e medicação à base de fluidoterapia, pois Suzane não apresentava nenhum resquício das viciações mundanas, representado pelos excessos de toda sorte.

Diferentemente do que acontecia há meses, ela teve um sono reparador e tranquilo. Acordou disposta e desejava saber onde estava. Aguardou o atendimento a uma enferma ao lado de seu leito e quando Isabela aproximou-se, intrigada, perguntou-lhe:

– Onde estou? O que aconteceu comigo?

– Fique tranquila, Suzane, vou explicar tudo o que está acontecendo. Você está num hospital não muito distante da Terra. Foi trazida ontem à tarde por uma equipe de salvamento.

– Mas como? Eu não me lembro de nada.

– É compreensível. Ouça com serenidade o que vou lhe falar. Você já não é mais uma prisioneira, está livre agora.

– Ó, graças a Deus. Em breve vou estar junto de meus pais e de meus irmãos. É uma pena que meu querido Jean tenha sido assassinado juntamente com os huguenotes. Não fosse isso, reunir-nos-íamos lá em casa e tudo seria uma festa como antes.

– Ouça, Suzane, não se preocupe com o Jean, ele está bem. Tal qual você ele foi atendido e está recuperando-se do trauma que o vitimou.

– Mas ele então não morreu? Onde está ele? Gostaria de vê-lo.

– Minha irmã, a morte, como a entendem as criaturas terrenas, não existe. Aliás, nunca existiu. O que existe na verdade é uma mudança dimensional, do solo poeirento da Terra para novas moradas, as quais serão felizes ou infelizes, dependendo do que se andou fazendo através do corpo físico. Quanto a sua vontade de rever seus familiares, no momento não é possível, minha amiga. Mais tarde, quem sabe.

O instante a que nós humanos convencionamos chamar de *o momento da morte*, tem suas variantes, dependendo de quem está deixando a matéria. Vai do modo mais simples até ao mais complexo. Será de uma maneira simples quando o desencarnante, cônscio dos seus deveres, pautou a vida no caminho do bem, dos deveres retamente cumpridos. Quando, ao contrário, comprometeu-se consciencialmente com o mal, com as viciações mundanas, então o processo desencarnatório se tornará muito complicado.

Nascer, viver ou morrer, segundo o entendimento do homem atual, são problemas que carecem de um certo grau de espiritualização para que sejam compreendidos e aceitos como acontecimentos normais. Como? Através de um estudo consciencioso, da humildade para que haja aceitação e da religiosidade no lugar de religião.

✦ ***Nascimento:*** o espírito que vem animar o corpo do nosso filhinho trará a somatória daquilo que ele mesmo plasmou em si nos caminhos passados. Uma bagagem dele próprio, intransferível, a qual devemos ajudá-lo a refazer, eliminando o que é prejudicial ou desnecessário e o apoiando na escolha de coisas úteis e nobres. Se desejarmos contribuir para a sua felicidade, para sua elevação espiritual, temos que conduzi-lo ao caminho do bem. Se fizermos o contrário, desejando que ele se torne rico, que brilhe nos caminhos do mundo, que exerça uma posição de destaque, um líder, enfim... talvez estaremos ajudando-o a locupletar uma bagagem que só o infelicitará no futuro. O nosso dever é darmos a ele a riqueza espiritual para que não se complique perante as leis da Terra, muito menos perante as Leis de Deus.

✦ ***Viver:*** Viver por viver todos vivem, basta renascer no mundo terreno. Só que, a bem da verdade, uma vida cheia de tribulações, tropeços e dores não é vida. Uma vida, digna de assim ser chamada, tem que ser vivida com amor, caso contrário, não vale a pena. Viver a esmo não é viver, mas sim sobreviver.

✦ ***Morrer:*** Todos os que aqui chegam terão indubitavelmente que partir um dia. O aproveitamento fiel das lições aqui recebidas, do que semeou de bem nos caminhos do mundo é que determinará a sua felicidade futura.

Na mesma tarde daquele dia, Suzane aproveitou quando Isabela terminou de fazer algumas anotações e questionou-a:

Isabela, estive pensando. Você não me disse claramente, mas deu a entender que eu já morri. Isso é verdade?

– Entenda bem, Suzane, Deus, o Eterno Pai, é o Senhor da vida! Jamais nos criaria para que tivéssemos fim um dia. Você está mais viva do que nunca. Apenas morreu o seu corpo. É mais ou menos como se você tivesse abandonado um vestido roto, estragado e que se tornou imprestável.

– Mas e os meus familiares?

– Seus familiares estão bem. Tristes, na verdade, por não ter mais a sua presença, mas o Pai Celestial não abandona a ninguém. Ele só não elimina o sofrimento, pois o sofrimento faz parte do processo evolucional das criaturas, mas sempre dá o remédio de conformidade com a dor. Quanto ao que você está pensando, fique tranquila. Um dia após o seu falecimento, Robert teve a hombridade[1] de avisar anonimamente à polícia, dando o endereço do local do seu desenlace e avisou-os que tinha encontrado um corpo em decomposição. No mesmo dia, seus familiares fizeram o reconhecimento e assim seu corpo foi sepultado dignamente.

– Graças a Deus. Ainda bem, pelo menos isso.

– Sabe, Suzane, eu também já vivi no mundo dos homens e sei o quão difícil é lidar

1 Hombridade: retidão de caráter; honradez.

com a morte e tudo o que a ela está relacionado. Temos, isto sim, de aceitar a morte não como o fim dos nossos sonhos, mas ver nela o anjo libertador a nos descerrar novas oportunidades de aprendizado e crescimento espiritual.

– É... Vou ter que me acostumar com essa ideia custe o que custar. Agora que já sei que Jean Pierre também está na mesma situação, assim que for possível, unir-me-ei a ele e juntos trabalharemos no sentido de ajudar aos nossos na face da Terra.

– Ótimo, minha querida irmã. É assim que se fala. Olhar sempre para o futuro sem medo, com destemor.

Dois meses após, Suzane foi surpreendida com uma visita agradável e ardentemente esperada. Jean Pierre que a antecedeu na grande viagem e já estava integrado na colônia, conseguiu uma licença e veio visitá-la. Chegou devagarinho, com um belo ramalhete de rosas vermelhas frente ao rosto e a chamou pelo nome:

– Ei, Suzane, você gosta de flores?

Sem olhar diretamente para o lado de onde partira aquele chamado, mas reconhecendo a voz, clamou:

– Jean Pierre!

E correu ao seu encontro, atirando-se em seus braços.

– Ó, meu Deus! – disse Jean – Há quanto tempo aguardei por esse agradável momento.

– Eu também, meu querido. Contei as horas e nem mesmo me lembro o número de preces que fiz para merecer esse milagre.

– Milagre nenhum, meu anjo. Quando existe o amor verdadeiro vinculando as criaturas, tudo acontece na hora certa. Dizem que *Deus tarda, mas não falta*, mas na realidade Ele nunca tardou. Nós, criaturas humanas, é que criamos expectativas através da ansiedade e não sabemos esperar.

Naquele dia do feliz reencontro, o belo casal unido como nunca, fez planos de trabalhar incansavelmente a fim de poderem descer à Terra para ajudar os seus entes queridos.

Suzane e Jean Pierre permaneceram por muitas décadas naquela colônia espiritual e, unidos como nunca, trabalhavam durante o dia e estudavam à noite, por entenderem que o esforço conjugado visando o progresso espiritual depende de muito empenho e dedicação constante. Nesse tempo, tiveram o ensejo de estudar detalhadamente quais as implicações existentes entre o pensamento do encarnado e dos já libertos dos liames físicos, e também temas que fogem à finalidade desta humilde obra.

Nesses estudos, ficaram sabendo que a imprevidência, que o desleixo e que a falta de amor e caridade sempre sujeitam o homem terreno às influenciações dos desencarnados, pois estes têm tempo de sobra e apenas aguardam a oportunidade propícia para realizarem o que desejam.

Assim, com as mentes aclaradas pela luz da verdade, com os corações repletos de amor, desceram à Terra para recomeçar uma nova existência. Vinham ansiosos, como o lavrador diligente e cheio de zelos, que após preparar a gleba, seleciona com cuidado a semente a ser lançada ao solo. E a semente do amor puro e sem mácula, traziam-na gravada em seus corações.

Renasceriam desta vez na Espanha e envidariam todos os esforços para arrebanhar a alma de Robert Reinaux ao Aprisco do Amor Maior – Deus!

Parte 2

Capítulo 10

Morgana

Doravante a narrativa reportar-se-á a acontecimentos do século XVIII, ocorridos num pequeno município da cidade de San Sebastian, Espanha.

A propriedade de Ramiro Alvarez, denominada fazenda San Izidro estendia-se por uma larga faixa de terras cultiváveis e era todinha, de ponta a ponta, constituída de solo fértil e apropriado para agricultura. A verde campina que se estendia exuberante à frente da moradia do fazendeiro, exibia um rebanho de gado vacum pastando tranquilamente, enquanto logo abaixo, o caudaloso rio corria mansamente, garantindo a vida dos animais e muita fartura na várzea ribeirinha.

No local mais aprazível do verdejante vale, erguia-se uma bela casa. O doce e confortável lar de Ramiro e Hortência Diaz Alvarez. Ele, apesar de aparentar trinta, já contava com quarenta anos. E ela, bem mais jovem, poderia passar por sua mãe, devido ao delicado estado de saúde em que se encontrava.

Além de Ramiro e Hortência, viviam naquela casa uma bela jovem de aproximadamente 19 anos que praticamente fora criada por eles, e Consuelo, a cozinheira. Morgana, de pele morena, de cabelos negros e longos, de lábios bem aformoseados e espessos, de olhos amendoados, mais parecia um ser divino que, fugindo do assédio dos deuses do olimpo, tivesse escolhido aquele local para nele reinar.

Morgana era filha de Anselmo Azeredo, o mais antigo empregado da San Izidro, e Gregória Garcia Azeredo. Assim como Anselmo, a esposa também nascera na San Izidro, numa pequena palhoça às margens do rio, e aos 16 anos foi desposada por ele. Só conseguiram ter aquela filha, perfumosa flor de cuja bondade recendiam inebriantes perfumes.

Desde os doze anos, a bela jovem passou a morar naquela confortável mansão devido ao estado de saúde da patroa. A fragilidade de Hortência a impedia de cuidar da arrumação da casa e mesmo de preparar a alimentação que estava há muito tempo a cargo da velha Consuelo.

A velha Consuelo desde o dia em que Morgana pisou naquela casa para fazer companhia à Hortência, simpatizou-se com ela, e daquela simpatia nasceu uma grande amizade. Daquela de se confidenciar coisas íntimas, de dividir mágoas, ressentimentos e tristezas. Foi assim que a menina Morgana passou a ter um anjo a zelar pela sua segurança dentro daquela casa enorme.

A convivência na *casa amarela* como era conhecida, aparentemente seguia o seu ritmo normal, porém Ramiro não se conformava em viver ao lado daquela flor sem ao menos poder acariciá-la, ou como às vezes pensava: "ter que sentir a doce fragrância de uma flor, mas sem poder tocá-la; era como morrer de sede ao lado de uma fonte límpida e cristalina". Vivia na abstinência dos prazeres carnais há tantos anos que até já perdera a conta, devido à enfermidade da esposa.

Com o agravamento da enfermidade de Hortência, e não conseguindo manter um controle sobre o que pensava, Ramiro deixou-se envolver mentalmente por um clima doentio e assaz perigoso: conquistar o amor de Morgana. Ela, no entanto, continuava a doar o melhor de si à enferma e nem suspeitava do que ia na mente do patrão.

Consuelo, boa observadora, notou logo o comportamento estranho de Ramiro e avisou a amiga do perigo que corria, deixando-a em polvorosa. A partir daquele momento, a pobrezinha não mais teve sossego. Jamais concordaria em ceder aos instintos do patrão, mesmo porque ela o considerava como um pai.

Os pensamentos desequilibrados de Ramiro, no entanto, começaram a interferir em seus hábitos. Ele, sempre íntegro, respeitador e de uma honestidade invejável, passou a usar de certas sutilezas a fim de enredar a bela morena. Foi numa noite chuvosa, após o desabar de um forte aguaceiro, daqueles que parecem querer levar tudo de roldão, que aconteceu o que a jovem mais temia. A pobre Morgana lembrou-se dos pais e saiu desesperada, rumo ao pequeno casebre à beira do rio.

Enfrentando o negror da noite, às lufadas de vento que se pudesse, varreria tudo o que encontrasse à frente, chegou toda molhada justamente no momento em que seus queridos pais já estavam tentando salvar o que podiam, pois a forte enxurrada alagara tudo. Depois de quase uma hora, com o arrefecimento da chuva e o escoamento da água suja que invadiu os três cômodos da casinha, a família conseguiu colocar tudo em ordem e Morgana voltou para a casa amarela.

Achou mais fácil retornar a casa pelos fundos, pois saíra por lá sem que alguém a visse, mas nem podia atinar com o que estava para acontecer.

No início do temporal, Ramiro deitou-se, tentou dormir, mas em vão. Seus pensamentos desordenados eram assoprados de um lado para o outro, tal qual lá fora, as folhas secas pelo vento. Não conseguindo conciliar o sono, levantou-se e pôs-se a olhar o temporal pelos vidros da janela e viu quando Morgana saiu no maior desespero rumo à casa de seus pais.

Não conseguiu controlar-se. Seu coração queria explodir dentro do peito. Muito transtornado, com os pensamentos tecendo mil fantasias, esqueceu-se da bondade, do carinho que a jovem dedicava à esposa e desceu com o intuito de viver alguns momentos de prazer tendo-a em seus braços. Consuelo, no entanto, percebeu quando Morgana saiu correndo para socorrer seus pais e ficou de espreita. Ao vê-la retornando, desceu com toalha e chinelos secos a fim de que não se resfriasse. Ao aproximar-se da cozinha pôde ver a desassossegada figura de Ramiro andando de um lado para outro à espera da moça e escondeu-se.

Assim que Morgana abriu a porta e entrou, Ramiro a agarrou pelos braços e tentou beijá-la. Nesse momento, Consuelo apareceu e rudemente o censurou:

– O que é isso patrão? Essa é a paga que a pobrezinha recebe por tantos anos de dedicação e trabalho? Creio que Morgana quer ser tratada como filha e não como sua amásia.

– Desculpem-me. Acho que estou perdendo o juízo. Isso não vai mais acontecer. E por favor, não contem nada a Hortência. Se este episódio cair em seus ouvidos, ela poderá morrer de desgosto, e isso seria desastros para todos nós.

Morgana, pelo acontecimento inesperado, permanecia imóvel, sem ação, petrificada. Ao ser tocada levemente pela amiga voltou à realidade, caiu em si e pôs-se a chorar.

Ramiro tomando consciência do disparate que cometeu, quis tomar-lhe amigavelmente as mãos para se desculpar. Ela, no entanto, puxou as suas, olhando-o com raiva. Disse-lhe:

– O que o senhor está pretendendo? Por acaso pensa que não tenho sentimentos e que sou uma vadia qualquer? A partir desse momento não fico mais um minuto nesta casa. Sinto muito pela saúde de D. Hortência, que adoro, mas aqui não fico mais.

– Acalme-se, Morgana, precisamos conversar.

– Não tenho mais nada a tratar com o senhor.

E depois de abraçar a amiga, voltou apressada para a casa de seus pais, sem ao menos dizer adeus ao patrão.

Chegando à casa de seus pais tentou disfarçar a tristeza que lhe cobria o rosto, porém, a mãe atenta percebeu que havia algo de errado com sua repentina volta para casa.

Perguntando o que havia acontecido, Morgana precipitou-se num interminável e dolorido pranto:

– Ó mamãe, por que tinha que acontecer isso comigo?

– Acontecer o que, filhinha? – atalhou o pai.

– Sentem-se que eu vou contar. Mas primeiro, papai, eu quero que o senhor me prometa que não vai fazer nada contra o patrão.

– Fazer o que Morgana, do que você está falando?

– Acalme-se, mamãe, eu vou contar.

E a pobre criatura cientificou seus pais da infeliz ocorrência havida quando voltou para a casa amarela. Explicou-lhes que, além do susto, nada mais ocorreu, graças à intervenção de Consuelo que se interpôs entre os dois, mas que não queria mais voltar a trabalhar naquela casa.

– Fique tranquila, filhinha – falou o pai tentando acalmá-la – amanhã mesmo a levarei até a cidade. Você vai morar com sua tia Carmela. Você é inteligente e com certeza encontrará um bom emprego por lá.

– Mas e o senhor e a mamãe? O que irão fazer? Com a minha desistência do emprego, será que Ramiro vai deixar que continuem morando aqui?

– Espero que Ramiro Alvarez não complique ainda mais a nossa vida do que já conseguiu fazer nesse atentado contra você – disse o pai com um certo ar de amargura.

No dia seguinte, aos primeiros raios de sol, Anselmo Azeredo conduziu a filha numa pequena carroça rumo a San Sebastian. Morgana seguia calada e bastante entristecida, devido a ter que se separar dos pais, mas tinha esperanças de encontrar na cidade uma vida nova onde pudesse sentir-se mais útil e viver mais feliz.

Sem as luzes que a doutrina espírita nos faculta seria difícil aceitar ou explicar o porquê das vertiginosas viradas, ou guinadas se preferirem, que comumente acontecem em nossos caminhos.

Quantos casos existem na atualidade, e quantos outros grafados nos anais da história a comprovar que a nossa vinda à Terra através da reencarnação, obedece aos ditames da Sábia Lei de Deus.

Senão vejamos:

Abraham Lincoln com a finalidade de emancipar os escravos e reformular a democracia de seu país, saiu da simples condição de empregado de serraria para chegar à presidência dos Estados Unidos.

Joana D'Arc deixou o rebanho de ovelhas na aldeia de Domremy, em Lorena, França, para lutar em prol da coroação do Delfim[1]. Depois suportou por seis meses o martírio moral em interrogatórios injustos e cansativos, e finalmente morreu queimada em 30 de maio de 1431, nas crepitantes labaredas que a maldade humana acendeu.

Paulo, o apóstolo, saiu da Cilícia a fim de estudar em Jerusalém, onde pôde aprender os textos sagrados com Gamaliel no templo de Salomão. Depois de encontrar-se com Jesus na estrada de Damasco, entretanto, percorreu a pé uma distância equivalente a 20.000 km, ensinando o cristianismo, para mais tarde ser decapitado fora dos muros de Roma no ano de 67.

1 Delfim: Título que designava o filho mais velho do rei de França.

Jesus, o Justo por Excelência, da humilde manjedoura partiu com seus pais e esteve por sete anos no Egito. Voltando à Galileia, fixou-se em Nazaré, para sair mais tarde por todas as aldeias ensinando a Boa Nova, e depois de desempenhar a maior e mais sublime missão entre os homens, aceitou ser crucificado entre dois ladrões.

Que possamos aprender com Ele a modificar o nosso mundo, começando por nós mesmos, pois habitando um mundo melhor, seremos mais felizes!

Capítulo 11

San Sebastian

O casario de San Sebastian sob os reflexos solares parecia um rebanho de pacíficas ovelhas que mansamente descansavam na verde pastagem a estender-se magnificamente à frente. As pequenas ondas a se desmancharem nas areias da baia de La Concha eram um espetáculo à parte para a sonhadora Morgana.

Após a lenta descida que perdurou quase uma hora renteando o Morro Igueldo, chegaram à bela San Sebastian e começaram a procurar a casa de Carmela. Após indagar em diversos lugares, encontraram o local indicado e, chegando em frente, chamaram-na:

– Ô de casa! Tem alguém aí?

E uma simpática senhora veio-lhes ao encontro com os braços abertos e sorrisos soltos:

– Meu Deus! Não acredito! Você, Anselmo? E essa morena linda, não vai me dizer que é Morgana.

– Sim, essa é a minha filha querida.

– Su hija es muy guapa, Anselmo!

– Obrigada, tia Carmelita. Quando papai e mamãe falavam da senhora, eu a imaginava uma velha. Agora vejo que me enganei. A senhora também é muito bonita.

– E a Gregória, por que não a trouxeram? Faz tempo que não a vejo. Estou com imensa saudade dela.

– Ela não pôde vir Carmelita, ficou limpando a sujeirada que a chuva fez ontem à noite.

– E você, menina, o que tem feito por lá? Pelo jeito não tem trabalhado com seu pai na lavoura, pois não tem a pele queimada pelo sol!

– Não, tia, eu trabalhava na casa do patrão. A esposa dele anda muito doente e eu lhe fazia companhia.

– Então está explicado. Esse acetinado de sua pele só pode ser conseguido na sombra, pois o sol sempre castiga a pele. A julgar pela sua beleza, você já deve ter encontrado o seu príncipe encantado, não é mesmo?

– É uma pena que não tia, a vida é tão complicada...

E esforçou-se para não se pôr em prantos.

Anselmo, com o intuito de desanuviar o ambiente, e tirar a filha do constrangimento criado pela curiosidade da irmã, interveio:

– É por esse motivo que aqui estamos, Carmelita. Ontem, na hora do temporal, aconteceu algo desagradável que, se possível fosse, não comentaríamos com ninguém.

– Mas nem a mim que sou sua irmã?

Morgana olhou para o pai e ele, com um aceno significativo, a incentivou a contar toda a triste ocorrência da noite anterior.

– Sabe, tia, eu comecei a trabalhar na casa de Ramiro e D. Hortência aos doze anos. Fui contratada para ajudá-la, pois ela vivia sempre enferma e sem disposição pra nada. Vivia da cama a uma poltrona no alpendre, e de lá até a cama. Vivendo como sua sombra, eu a ajudava a levantar-se, a se deitar e também ministrava os medicamentos na hora certa.

Tudo correu bem até ontem à noite, na hora do forte temporal que desabou para aqueles lados. Quando estava voltando para a casa da fazenda, depois que ajudei papai e mamãe que tiveram a casa inundada pela enxurrada, fui agarrada pelo Sr. Ramiro que tentou me beijar. Graças a Deus, nada aconteceu, pois Consuelo, a cozinheira da casa, impediu o pior.

Chorando, desesperada, prometi a mim mesma que nunca mais colocaria os pés naquela casa. Ele tentou dialogar, pediu desculpas, mas não dava mais, tia. O medo e a vergonha que passei foram para mim mais significativos do que a promessa dele de não mais me atormentar. Uma consciência tranquila e cheia de paz vale mais que qualquer emprego.

– É verdade, menina. Existem homens no mundo que se prevalecem do que têm para enredar mocinhas ingênuas. Às vezes começam com simples sutilezas, e se não forem barrados a tempo, acabam vitimando-as.

Após as sensatas considerações de Carmelita, o pai de Morgana aproveitou o ensejo e pediu:

– Carmelita, a Morgana poderia ficar morando aqui com você? Não sei o que vai acontecer conosco. Pode ser que ao chegar hoje na San Izidro encontre um aviso de dispensa. Aqui com você ela poderá arranjar um emprego e até poderá estudar, porém, enfiada naquele fim de mundo, o que será dela?

– Pode ficar tranquilo, Anselmo. É claro que a minha querida sobrinha pode ficar morando comigo. E até é bom. Ando tão solitária, assim uma faz companhia à outra.

Após descarregar as malas trazidas com as poucas roupas de Morgana, de abraçar carinhosamente a filha e a irmã, aquele homem saiu triste rumo à fazenda, ignorando o que teria que enfrentar no dia seguinte.

Antes de renascermos, e após aceitarmos os planos ascensionais visando o nosso aprimoramento, responsabilizamo-nos pela sua execução, demora ou adiamento. Nossa consciência, juíza implacável, nos intimará a cumpri-los de maneira satisfatória, mais cedo ou mais tarde.

É claro que, pelo caminho escolhido, tem-se uma ideia do destino almejado, porém, as quedas, a estagnação e as sinuosidades que irão causar a demora no percurso, são detalhes que dependerão do esforço e da maneira de caminhar de cada um.

Assim, estar vivendo como os outros vivem, sendo mais um dentre bilhões, sem perspectivas, sem um ideal enobrecido de bons sentimentos, é caminhar vagarosamente, ou quase parando. Emmanuel, através do saudoso Chico Xavier, ditou uma frase num de seus livros que corrobora o que estamos tentando passar: *A perfeição é a meta. A reencarnação é o caminho.*[1]

1 Livro: Justiça Divina (Emmanuel-Chico Xavier) – Edição FEB.

Sim, queiramos ou não, a reencarnação é o caminho abençoado que nos levará aos Páramos de Luz, mas somente quando estivermos vivenciando os ensinamentos do Mestre Jesus.

O que já conseguimos sentir e que a grande maioria não percebe, é que a nossa humanidade está carente de amor. A ciência avança, a tecnologia dispara e as religiões caminham tropegamente.

Não adianta surgir mais uma nomenclatura religiosa em cada dia que passa. Os seres humanos não necessitam de mais uma religião, mas sim, de uma religiosidade capaz de transformá-los em criaturas melhores.

Façamos a cada momento a nossa parte, lançando mais uma nota de paz, de amor e de alegria ao grande concerto universal. Assim, um dia, poderemos viver num mundo bem mais feliz.

Anselmo retornou a San Izidro entristecido e muito preocupado. Temia ser mandado embora da fazenda devido à filha ter abandonado o serviço. Por outro lado, estava convicto de que a filha fizera a coisa certa. Não é possível conviver ao lado de uma cobra traiçoeira e peçonhenta, sem que se arrisque a ser abocanhado por ela. Quando deixou o morro Igueldo para trás, o pobre homem sentiu o coração apertado e tinha vontade de voltar atrás, conversar com a filha e levá-la de volta consigo, não pelo emprego perdido, mas tão somente pela sua ausência.

No entanto, sabia que se assim procedesse, iria prejudicá-la, pois já tinha idade de cuidar de seu próprio destino. Parou a carroça, pensou por uns instantes, acendeu um cigarro e seguiu adiante soltando uma baforada atrás da outra.

Chegou à San Izidro quase à noitinha e mesmo cansado, foi à casa amarela conversar com o patrão. Com passos vacilantes devido à canseira da viagem a San Sebastian, matutava no que ia dizer a Ramiro Alvarez, e ao mesmo tempo, conformado monologava: "seja o que Deus quiser, nunca passei fome nesta vida, e não vai ser agora que isso irá acontecer". Se ele me mandar embora, paciência. Chegou ao alpendre da casa e chamou:

– Sr. Ramiro! Ô de casa!

E como o atendimento estava demorando, bateu palmas. Dentro de alguns instantes o patrão gritou lá de dentro:

– Quem é?

– Sou eu, Sr.Ramiro, o Anselmo.

Ramiro saindo da sala foi ao encontro de seu empregado e cinicamente perguntou-lhe:

– O que está acontecendo, Anselmo?

– Eu vim lhe avisar que a minha menina não pode mais fazer companhia a D. Hortência.

– Mas por que, posso saber?

> Existem certos momentos em nossas vidas que uma simples pergunta mais se assemelha a uma tábua de gangorra; vai depender do peso que se coloque do outro lado para que haja um equilíbrio perfeito.

Aquele era um momento crucial para Anselmo. A sua permanência na fazenda iria depender de sua diplomacia, do que dissesse naquele momento. Pensou rápido e respondeu:

– Sabe, patrão, existe uma parenta nossa na cidade que está passando muito mal. Até agora não tinha enviado Morgana, mas a pobre está à beira da morte. Condoído de sua situação extrema, tive que enviar Morgana a fim de ajudá-la. Estou lhe avisando o quanto antes, para que o patrão possa substituir a minha menina.

– Está bem, Anselmo. Fique descansado. Amanhã mesmo providenciarei uma outra acompanhante para Hortência.

Capítulo 12

O emprego

Assim que Morgana viu-se sozinha com a tia, crivou-a de perguntas. Quis saber como era a cidade, se o povo era hospitaleiro e se existia realmente a possibilidade de se arranjar algum emprego. Carmela, bondosamente, a esclareceu a contento. Carmela explicou-lhe que a cidade de San Sebastian era também conhecida como Donostia pelos bascos, antigos habitantes do norte da Espanha, na fronteira com a França.

Assim, já no dia imediato, em companhia de Carmelita, Morgana andou pela cidade, a fim de conseguir empregar-se, ficando dislumbrada com o que via.

Carmelita, sempre gentil, levou-a a conhecer os lugares pitorescos da cidade, as praças e, em especial, o mar. Após, andaram a pé por diversos lugares, indagaram, conversaram com proprietários de alguns estabelecimentos, e por fim alguém indicou um endereço onde precisavam de uma mulher para cuidar de um senhor idoso. Imediatamente dirigiram-se até ao endereço dado e se anunciaram.

Era um casarão enorme a indicar a posição social e a importância de seus moradores. Aguardaram alguns segundos e foram atendidas por uma senhora distinta, que lhes perguntou o que queriam. Carmelita, mais desembaraçada que a sobrinha, apressou-se em dizer:

– Ficamos sabendo que estão precisando de alguém para cuidar de uma pessoa doente. Gostaríamos de saber se realmente essa informação procede.

– Sim. Realmente estamos precisando de alguém para cuidar do Sr. Juan Pablo. Mas para quem é o serviço. É para a senhora ou para a moça?

– É para Morgana, minha sobrinha.

– Ela já trabalhou em alguma casa cuidando de algum doente?

Morgana, saindo de seu mutismo, respondeu:

– Sim, em meu último emprego. Eu cuidava de D. Hortência Alvarez.

– Você poderia nos trazer uma carta de recomendação, Morgana?

– Até poderia, mas o local é distante daqui. É na zona rural a algumas léguas de San Sebastian.

Dolores, a governanta, pensou um pouco, e como simpatizara-se com a filha de Anselmo e Gregória, pediu:

– Acompanhem-me, por favor.

Morgana e a tia acompanharam-na e naquele breve instante puderam notar o brilho e o aroma agradável que recendia daquele simples corredor. Ao chegarem numa ampla sala ricamente mobiliada, pararam e se assentaram a pedido da governanta. Logo após, a governanta retornou com a patroa que, à distância, as cumprimentou friamente, perguntando para a empregada:

– Então, Dolores, qual é a candidata?

– É a moça, D. Geraldine.

– Aproximem-se, por favor. Então você foi acompanhante de uma senhora doente no local onde morava? Pode-se saber que local é este?

– É na zona rural, senhora. Fazenda San Izidro de propriedade do Sr. Ramiro Alvarez. Eu cuidava de sua esposa.

– Olhe, menina, pela experiência de vida que tenho, sei que essa condição lhe favorece. As moças criadas aqui na cidade são desatenciosas e cheias de péssimos costumes. O serviço é seu. Quando pode começar?

– Agora mesmo, se a senhora quiser.

– Não é preciso tanta pressa, Morgana. É esse seu nome, pois não?

– Sim. Morgana Garcia Azeredo.

– Pode vir amanhã, às 8h30, está bem?

Enquanto Morgana, toda feliz, acertava o emprego na rica mansão dos Ulhoa, na San Izidro, Ramiro procurou Anselmo no eito e, cinicamente, quis saber o porquê da filha ter ido embora. *Como se ele não soubesse o motivo.* Como Hortência aceitou sem contestação a saída de Morgana – pensava – não há razão de Anselmo continuar morando aqui na fazenda.

Mas, antes de despedir o seu empregado mais antigo, quis saber para qual cidade Morgana se mudou. Anselmo, mesmo sendo *analfabeto de pai e mãe*, ficou desconfiado do interesse do patrão em querer saber o paradeiro da filha e mentiu:

– Morgana foi para Azpeitia, Sr. Ramiro.

O fazendeiro tal qual uma mosca varejeira voejando sobre um pote de mel, devido aos seus desejos malsãos, nem desconfiou que Anselmo escondera-lhe a verdade. Agora que já sabia o que queria saber, livre de qualquer acusação por parte da esposa, despediu o pobre lavrador sem dó nem piedade.

Foi um choque para aquele homem probo, honesto e trabalhador. Jamais pensou que tivesse um dia de enfrentar uma situação como aquela: saber que a filha foi humilhada, ofendida e ainda por cima, ser mandado embora. O sangue ferveu-lhe nas veias e subiu-lhe à cabeça e, do homem pacato, tranquilo, surgiu um Vesúvio lançando lavas e chamas por todos os lados:

– Então é isso o que você quer seu patife? Desgraçar a minha família começando por minha querida Morgana?

Sem que o fazendeiro tivesse tempo de se defender, Anselmo puxou-o pela perna derrubando-o do cavalo. Em seguida tirou o facão que trazia dependurado à cintura e partiu pra cima de Ramiro. Não fosse a intervenção dos vizinhos, o patrão iria para casa todinho retalhado, ou talvez morto.

Diego Soares e seus filhos, vizinhos de Anselmo, acalmaram-no, enquanto Ramiro levantou-se batendo o chapéu e a roupa para limpar-se das manchas de terra. Montou em seu cavalo e foi para a fazenda praguejando contra tudo e contra todos.

Anselmo, aconselhado por Diego, foi para casa. Contou a Gregória o que aconteceu e pediu-lhe que catasse as coisas mais importantes, pois teriam que ir embora logo, antes que Ramiro pudesse vir até ali tentando vingar-se do ultraje recebido.

Em seguida, colocou o que era mais importante como mantimentos, roupas e alguns utensílios de cozinha na velha carroça e saíram apressados sem olhar para trás. Enquanto estugava os passos do velho animal, Anselmo pensava: "Deus é testemunha que sempre fiz de tudo para manter-me do lado da paz, todavia, o que aconteceu foi demais para a minha cabeça".

No dia seguinte, eram 8 horas mais vinte minutos quando Morgana apresentou-se para dar início ao seu trabalho. Foi levada até à cozinha a fim de saber como proceder na alimentação do doente, e também para conhecer Eugênia, a cozinheira.

Em seguida, Dolores levou-a a um escritório, onde combinou os seus vencimentos e também quais as necessidades e costumes do pai de Geraldine.

Juan Pablo Ulhoa era descendente de nobre família basca, grande homem de negócios e possuidor de diversas fazendas. Devido a uma queda de cavalo ficou impossibilitado de movimentar-se, no entanto, mesmo paralisado, continuou a percorrer semanalmente todas as suas benfeitorias, mas agora, aos 83 anos, um tanto enfraquecido, precisava do apoio alheio para tudo.

Morgana foi orientada a sentar-se ao lado da porta e esperar que ele a chamasse. Quando ouviu o barulho de uma sineta, bateu duas vezes na porta e foi atendê-lo. Assim que entrou, cumprimentou-o respeitosamente:

– Bom dia, Sr. Juan. Eu sou Morgana, a nova empregada. Aqui estou para servi-lo.

O ancião sem dizer nada, olhou-a detidamente. Olhou-a de cima em baixo parecendo conhecê-la de longa data. Depois de tantas décadas e do enfrentamento de algumas decepções e reviravoltas da vida, tinha dificuldade de lembrar-se, mas uma coisa era certa: tinha certeza de ter visto aquele expressivo olhar em algum lugar. Após alguns segundos, lembrou-se de Eloísa, uma antiga namorada que, segundo ele, Morgana era a cópia perfeita.

Ela, por sua vez, ensimesmada, ficou sem saber o que fazer e que atitude tomar. Foi o próprio Juan Pablo que, escafunchando os arquivos das antigas recordações, conseguiu reaver saudosas lembranças do seu passado de incorrigível conquistador. Foi quando conhecera Eloísa. Então, retomou a conversação e continuou:

– Morgana? Que coincidência! Eu tive uma namorada com nome igual ao seu. Esse era o nome de minha primeira namorada! Amor primaveril... Éramos apenas duas crianças.

Morgana para não demonstrar indiferença às recordações de seu interlocutor, respeitosamente considerou:

– O amor primaveril quando alicerçado num relacionamento sem máculas é a expressão do sentimento mais puro e verdadeiro que existe.

O pobre homem deixando as suas longínquas lembranças de lado, olhou firmemente para Morgana e perguntou:

– Qual a sua idade, filha?

– Dezenove anos, senhor.

– Mas, não parece. O que a senhorita acaba de dizer-me tem um peso muito grande em minha conceituação. É difícil encontrar alguém da sua idade com sensibilidade o bastante para se expressar com tanto acerto.

A questão do tino, da perspicácia encontradas em muitos jovens são características lógicas e naturais de sua elevação espiritual. O aforismo: *Ninguém dá o que não tem*, torna-se tão evidente na avaliação dos comportamentos e palavras de pessoas que, por serem jovens, as julgamos inexperientes. Os que ultrapassaram o saber do mundo, e por isso considerados *virtuoses*[1], são espíritos que conseguiram ir além dos demais.

O corpo físico segue as leis da natureza. Passa por diversas etapas, segundo a idade, mas o espírito é milenar. Isso equivale a dizer que as chamadas crianças precoces, nada mais são do que espíritos evoluídos, cuja capacida-

1 Virtuose: Pessoa extremamente hábil em alguma atividade.

de os liberam, parcialmente, dos vínculos da matéria, ensejando-lhes a usufruir a aprendizagem conseguida em vidas passadas.

Quando a *ciência terrena* passar a pesquisar os fenômenos que transcendem a matéria, verificará que "existem mais coisas entre o céu e a Terra do que sonha a nossa vã filosofia", como disse Willian Shakespeare.

Capítulo 13

A reviravolta

Enquanto Morgana entretinha-se numa conversa amistosa com Juan Pablo, nem sequer imaginava que seus pais estavam a caminho de San Sebastian, pois foram expulsos como uma peste contagiosa da fazenda San Izidro. Enquanto ela, na cidade, satisfeitíssima, travava conhecimentos com pessoas bondosas, na San Izidro, o ciúme e a desconfiança instalavam-se sorrateiramente na casa amarela.

A nova acompanhante escolhida por Hortência passou a ser Mercedes, uma moçoila magérrima e toda feiosa, pois Paloma, que o marido pretendia trazer, o noivo a proibiu de trabalhar na casa amarela, embora o pai já tivesse dado consentimento. Paloma, para não contrariar o noivo, não aceitou ser pajem de D. Hortência e com isso Ramiro viu os seus intentos irem por água abaixo.

O fazendeiro não se conformava com a mudança radical que se operara portas adentro de seu lar. A casa amarela já não era mais a mesma. Não existia a presença de Morgana com todos os seus encantos a enchê-lo de sonhos e fantasias.

Ramiro, que de bobo não tinha nada, achou estranho Hortência ter barrado a escolha de Paloma para substituir Morgana. O que ele não sabia, é que a esposa desconfiada da saída repentina da filha de Anselmo, pressionou Consuelo, e a cozinheira contou tudo o que ocorreu naquela noite chuvosa.

"Fazer o que – pensava Ramiro – o destino deve estar conspirando contra mim. Por hora, tenho que aceitar, mas um dia hei de encontrar Morgana e então as coisas serão bem diferentes. Colocarei o mundo aos seus pés e duvido que ela não me aceite".

À tarde, ao término de seu primeiro dia de serviço, Morgana levou um susto ao chegar em casa e encontrar seus pais na residência de Carmela. Atirou-se nos braços da mãe, beijando-a com frenesi[1], para em seguida atirar-se nos braços do pai, dependurando-se em seu pescoço.

Ao saber que Ramiro Alvarez os despediu da San Izidro, Morgana ficou furiosa. Somente após a mãe tê-la aconselhado, pedindo-lhe calma, que ela teve seu ânimo serenado. Gregória, com aquele jeito que só as mães têm com muita propriedade, fez a filha ver que tudo o que acontece debaixo do céu, e em qualquer lugar, está sempre sob a supervisão de Deus. E que, por certo, ela e Anselmo não ficariam abandonados. O pai

1 Frenesi: Exaltação; arrebatamento de sentimentos.

haveria de arranjar algum emprego e viveriam felizes como sempre foram.

No dia seguinte, Anselmo, com a ajuda de Carmem, alugou uma casa e mudou-se com a esposa e a filha para lá. Era uma casinha simples, mas com cômodos bem arejados e cercada por muitas flores.

Uma semana após, Anselmo conseguiu empregar-se como ajudante de serviços gerais no porto, e assim, tudo voltou ao normal. Enquanto isso, por força das circunstâncias, Morgana, de uma certa forma, passou a fazer parte da vida de Juan Pablo, devido a sua bondade que cativava a todos, pois o solitário Juan Pablo não via a hora de sua acompanhante e amiga chegar pela manhã.

San Sebastian já era, no primeiro quarto do século XVIII, uma cidade encantadora e muito aprazível. Seus habitantes, em sua maioria católicos romanos, frequentavam a igreja de San Vicente, a mais antiga da cidade. Os Ulhoa eram assíduos frequentadores dessa igreja, e assim, algumas vezes por semana Morgana acompanhava Juan Pablo à missa, começando a interessar-se pela religião.

Ela que evitava rememorar o passado, agora já pensava em D. Hortência com carinho e a incluía em suas orações. Quanto a Ramiro, embora procurasse afugentar sua imagem de seus pensamentos, já não o odiava como meses antes. Era o efeito da oração no que ela tem de melhor: unir a mente da criatura ao seu Criador, ensejando pensamentos novos, propiciando um nível mais elevado de sentimentos.

O tempo, fiel espectador de todos os acontecimentos sobre a face da Terra, continuou a passar em sua ininterrupta trajetória rumo ao sem fim.

Decorridos dois anos da saída da família Azeredo rumo a San Sebastian, Hortência Alvarez deixou o mundo terreno numa triste manhã de março. Apesar do visível esmaecimento cadavérico, deixava transparecer no rosto uma feição calma e serena. Sofrera e, resignadamente, partia agora para o outro lado da vida, usando um corpo mais leve e bem mais sutil. A morte, lançando os seus gélidos tentáculos, arrancou o pobre espírito daquele corpo doentio e raquítico, deixando Ramiro inconsolável.

O relacionamento entre ambos sempre foi frágil e, às vezes, até enfadonho, embora Hortência sempre lhe tenha devotado respeito. Foram felizes, muito felizes nos primeiros oito anos de vida conjugal, porém sem ter filhos, o casamento tornou-se rotineiro e morno. Por outro lado, quando apareceram os primeiros sintomas da pertinaz enfermidade, Hortência, como uma erva sensitiva que, ao primeiro toque põe-se a murchar, afastou-se dele, negando-lhe qualquer gesto afável ou de carinho.

Após o falecimento da esposa, a casa ficou grande demais. Somente sua presença e a de Consuelo fizeram da casa um local melancólico e triste, pois já não havia mais motivo para Mercedes lá permanecer. Assim, no transcorrer do dia, ele passava as horas na lavoura ou nas pastagens e à tarde, quando retornava, a casa amarela parecia ter a presença de seres estranhos dentro de seu domínio.

"Ah, como seria maravilhoso – pensava – se Morgana ainda estivesse morando aqui! O seu lindo sorriso dentro desta casa seria como os raios do sol espantando o frio que às vezes me enregela até a alma. Eu não sentiria o vazio que sinto agora dentro do meu próprio ser. Apenas a sua doce presença me faria imensamente feliz". Eram pensamentos frequentes que Ramiro fazia questão de manter vivos em sua lembrança. Uma espécie de doença ou autocastigo que aplicava a si mesmo.

Se seus pensamentos se tornassem audíveis, seriam catalogados como desabafos de um homem solitário e triste, porém, como comentam as más línguas: *nem mesmo o corpo baixou à campa, o viúvo já está de olho em outra*. Se aplicado nesse caso, seria verdadeiro. Ramiro tinha noção de estar faltando com o respeito com a alma da esposa, mas – pensava – "ela não está aqui, mas eu continuo vivo. Morgana é o que de melhor aconteceu em minha vida".

Com o intuito de localizar o paradeiro da ex-pajem de Hortência, o fazendeiro começou a viajar por todas regiões e cidades na tentativa de encontrar aquela que, segundo ele, seria a sua tábua de salvação. Viajou por diversas cidades e até mesmo em San Sebastian esteve, mas não a encontrou. Quando um filho de Deus vive e respira no caminho do bem, a proteção de Deus está sempre presente.

Foi numa tarde amena, de pouco sol, que Ramiro passou rente a Morgana e não a viu. À meia distância, a pajem de Juan Pablo percebeu a incômoda presença do ex-patrão e para não ser descoberta baixou-se frente à cadeira de rodas, fingindo estar cobrindo os pés do patrão. Quando o malvado passou, ela levantou-se e pediu desculpas a Juan Pablo, dizendo-lhe estar verificando a temperatura de seus pés. Juan, porém, percebeu que algo estava acontecendo para que Morgana agisse daquela maneira, mas como ela esquivou-se de lhe dar explicações, entendeu e desculpou-se.

Ramiro Alvarez parecia estar alienado e fora da realidade. Pelos locais que passava, os transeuntes desviavam-se dele, pois além de demonstrar na face uma expressão gritante, falava sozinho e gesticulava feito um doido. Seus pensamentos dantes claros, admissíveis para uma pessoa com o juízo perfeito, agora apoquentavam-no tanto que estava à beira de uma síncope.

As suas viagens à procura de Morgana efetivavam-se nos finais de semana. Geralmente, de sexta-feira a domingo, quando voltava à noitinha. Seu administrador, Miguel Bernardo, cuidava da San Izidro, apesar de sobrecarregar-se, mas não tinha coragem de reclamar e nem comentar as atitudes do patrão. Foi o próprio Ramiro que, insatisfeito com os resultados das buscas infrutíferas, comentou um dia:

– Não é possível. Parece que os malditos tomaram *um chá de sumiço*! Pois desapareceram.

Bernardo, um tanto indeciso, aventurou:

– Desculpe-me, patrão, se eu puder ajudar.

– Obrigado, Bernardo, mas nem mesmo Deus me ajudaria. Creio que ela mudou-se para o céu e vive no paraíso juntamente com os anjos.

O conceito que se tem de paraíso, céu ou inferno difere e muito entre as criaturas terrenas. Para muitos, o paraíso ou Jardim do Éden teria sido o berço da raça humana a partir de Adão e Eva. Eles concordam com o que lhes ensinam sem analisar o conteúdo do ensinamento.

Outros aceitam a existência de um inferno, onde chamas ardentes crepitam indefinidamente para castigar os pecadores. Nem cogitam em analisar o absurdo dessa aceitação, pois segundo São Mateus, em 9:13, Jesus asseverou:

> Ide, porém, e aprendei o que significa: Misericórdia quero, e não sacrifício. Porque eu não vim chamar os justos, mas os pecadores, ao arrependimento.

O arrependimento dos erros, depois a sua correção, e mais tarde a prática do bem, indubitavelmente faria esvaziar o inferno imaginário *que só existe* na consciência culpada.

O *reino do céu* que Jesus promete no sermão da montanha aos pobres de espírito, isto é, aos humildes, significa a vivência do amor, a partir do momento presente, pois ao consultarmos o evangelho, encontraremos:

> Ora, ninguém subiu ao céu, senão aquele que de lá desceu, a saber, o Filho do Homem. Jesus (João, 3:13).

Se analisarmos criteriosamente os nossos pensamentos e atitudes diárias, iremos notar que buscamos constantemente, sem perceber, o que é bom ou o que nos é prejudicial, pois as energias, ou fluidos que nos rodeiam, estarão sempre condizentes com o nosso *eu* interior. Melhoremos tudo o que a nossa capacidade de analisar já consegue abarcar, depois desvendemos aquilo que ainda não conseguimos detectar, corrigindo-os também, para, finalmente, começarmos a criar o céu dentro de nós.

Capítulo 14

A varíola

Cinco anos após o falecimento de Hortência, um inesperado amargor sobreveio à fazenda San Izidro atingindo também seus moradores. Ramiro Alvarez, em suas andanças à procura de Morgana, sem saber, foi contaminado por uma doença que vitimava, na época, pessoas de todas as idades. No retorno de uma de suas viagens, Ramiro sentiu-se indisposto, com uma enorme cefaléia, dores no corpo e passou alguns dias de cama. Decorrida uma semana, notou algumas erupções no rosto e se apavorou, pois falava-se muito na época de surtos variólicos. No dia seguinte ao aparecimento das erupções, Ramiro sentia-se extenuado e tomado de angústia, pois a varíola, após uma semana do contágio, manifestou-se como algo cruel e devastador. Temendo ficar sozinho e deixar a fazenda em mãos estranhas, lembrou-se de seus dois irmãos. Murilo era membro da Igreja e morava em Sevilha e a irmã caçula, na França, casada com um homem que ele detestava.

A única decisão mais acertada seria avisar seu irmão Murilo, pedindo-lhe ajuda. A missiva enviada e escrita de próprio punho deu ao irmão a impressão de que ele estivesse à beira do túmulo e não tardou em aparecer. Não que Murilo fosse um irmão prestativo e solidário, mas sabendo que o irmão enviuvara-se recentemente e que não tinha filhos nem herdeiros, desligou-se da igreja e viajou às pressas até a San Izidro.

Ao chegar, encontrou o irmão coberto de pústulas[1] horrendas e quase sem esperanças de melhora. A varíola ou bexiga, como tam-

1 Pústulas: Pequeno tumor na pele com supuração.

bém é conhecida, esgotara-lhe a resistência e o fazendeiro mais parecia um monstro devido ao seu aspecto horrível.

Premeditadamente, de caso pensado, Murilo levou seu irmão a San Sebastian e o internou no lazareto existente na pequena Ilha de Santa Clara, um local apropriado para o isolamento de enfermos com doenças contagiosas e lá o abandonou. Agora, com o afastamento de Ramiro, ele poderia apossar-se da fazenda e de toda a sua fortuna, em detrimento da irmã que ignorava o que estava acontecendo.

O infeliz Honoré, morto no passado sem dó nem piedade, ali estava para cobrar o que Robert Reinaux ficara lhe devendo.

A título elucidativo, é bom salientarmos que na época a que nos referimos, ainda não existia uma vacina contra a varíola. Tal vacina só veio a aparecer em 1796, quando o médico inglês Edward Jenner, usando material purulento da ferida de uma vaca, inoculou o pus num menino de oito anos. Dias depois o menino contraiu a doença, mas de forma mais branda, moderada e, então, surgiu a vacina.

Enquanto Ramiro Alvarez começava a colher o que semeara no passado, e também pelos deslizes da vida atual, Morgana cuidava com todo desvelo de Juan Pablo e os dois mais pareciam pai e filha, devido à afinidade existente entre ambos. Logo pela manhã, ela estava em seu posto esperando que a sineta tocasse, anunciando que ele acordara, que estava pronto para o passeio matutino e a conversa agradável de sempre.

Naquele dia iriam à igreja de San Vicente para a missa da manhã. Tudo estava previamente combinado desde a véspera. Assim, Morgana viera com a sua melhor roupa, somente para alegrar o patrão que tornara-se um grande amigo. Mais que isso, o seu confidente. Tanto que, o motivo de sua saída da fazenda de Ramiro Alvarez, Juan Pablo estava sabendo, pois ela lhe contou.

A igreja, naquela manhã, estava apinhada de fiéis, pois quando surgem notícias alarmantes que podem afetar de alguma forma as pessoas, a procura pela religião torna-se mais intensa. Deus é sempre mais lembrado nos momentos de dores. Falava-se, e a notícia corria de boca em boca, que um surto de varíola estava se alastrando consideravelmente em toda a Espanha.

Assim que Morgana conseguiu vesti-lo, colocou-o na cadeira de rodas e saíram rumo à igreja. Foram sós, pois Geraldine, devido a um imprevisto de última hora, não pôde acompanhá-los. Após o término da missa, voltaram tranquilos para casa, parando antes na praça onde Juan Pablo acostumara a distribuir fagulhas de pão aos pombos.

Ao chegar em casa, o pobre ancião estava de feições alteradas e um tanto trêmulo. Morgana, atenciosa como sempre, colocou suas delicadas mãos sobre sua testa e constatou que seu patrão estava ardendo em febre. Procurou por Geraldine e relatou o que estava acontecendo. A filha ficou preocupadíssima ao notar que seu pai não estava passando bem. Ficou horrorizada, pois temia perdê-lo, assim como perdeu o esposo, há dez anos aproximados.

Imediatamente, foi chamado o médico da família, facultativo de inteira confiança dos Ulhoa, pois foi o mesmo que tratou Alejandro, esposo de Geraldine, enquanto vivo. A filha, tomada de pavor devido às alarmantes notícias que circulavam em San Sebastian, chamou o médico de lado e perguntou:

– Dr. Felipe, pelo amor de Deus, não me esconda nada. Febre alta não é um dos sintomas da varíola?

– Sim, madame, mas por hora não posso afirmar nada.

– Como, doutor? O senhor não consegue dar um diagnóstico a partir de uma febre?

– Veja bem, D. Geraldine, se o que disse a acompanhante do Sr. Juan Pablo for verdade, dez ou doze minutos sob o sol da manhã não seria um tempo demasiado, mas... e se ela não estiver dizendo a verdade? Diante disso não posso afirmar que esse sintoma seja da maldita varíola. Temos que aguardar e torcer para que não apareçam erupções na pele do Sr. Juan.

Geraldine começou a levantar-se nas manhãzinhas seguintes indo rápido ao quarto de seu pai com o coração em descontrole. Entrava devagarzinho para não acordá-lo. Aproximava-se do leito, olhava detidamente, torcendo para que não houvesse nenhuma bolha, nada que evidenciasse a existência da temível varíola.

Numa manhã, o que viu fê-la sair do quarto depressa para não gritar de desespero e assustar o pobre homem.

Cobrindo o rosto com as mãos, saiu desesperada, voltando para seus aposentos, para então poder chorar e desabafar toda a sua angústia. Coitadinho do papai, está com varíola – dizia quase num sussurro – e, sem cerimônias, entregou-se a um pranto desesperado.

Uma hora mais tarde chegou Morgana e ficou assustada ao ver a patroa esperando-a antes do corredor de acesso ao quarto de Juan

Pablo. A moça notou que Geraldine tinha o rosto marcado pelo pranto e que se esforçava muito para poder falar. Finalmente, após alguns segundos, enxugou os olhos e desabafou:

– Ah, querida Morgana, quão triste é a minha vida! Anos atrás perdi o meu querido esposo devido a uma enfermidade desconhecida e agora estou com medo de perder papai para a varíola.

Morgana com os seus lindos olhos inundados de lágrimas, esqueceu-se da formalidade social e estendeu os braços rumo a Geraldine, e o abraço fraternal e afetuoso foi inevitável.

E, naquela demonstração de solidariedade, Morgana, deixando fluir toda a sua sensibilidade, sussurrou:

– Chore, D. Geraldine, mas chore confiando em Deus. Lembre-se do Mestre Jesus no Horto das Oliveiras. Ele tinha noção do amargor do cálice que teria de beber, mas confiando no Pai, orou e esperou. Confie em Deus, Ele jamais nos abandonará.

– Obrigada, querida, você nem imagina o bem que estão me fazendo essas suas palavras. Gostaria de lhe pedir um favor.

– Estou sempre às suas ordens, D. Geraldine. Aqui estou para servir.

– Faça-me uma gentileza, minha filha. Vá até a casa do Dr. Felipe e diga que o estou chamando.

– Fique tranquila, senhora. Daqui a pouco estarei aqui com o doutor.

> Poucos são os filhos que se lembram de Deus todos os dias. Menos ainda os que se lembram o dia todo. Se o Pai Celestial retirar o sofrimento do mundo um dia, poderá ser esquecido por todos, todos os dias.

Quando Jesus disse: *Vinde a mim todos os que estais cansados e oprimidos, eu vos aliviarei*, uma grande multidão acercou-se dELE a fim de usufruir suas bênçãos. Porém, o Mestre acrescentou:

> Tomai sobre vós o meu jugo, e aprendei de mim, porque sou manso e humilde de coração e encontrareis descanso para as vossas almas, porque o meu jugo é suave e o meu fardo é leve. Jesus (Mateus, 11:28 a 30).

Tanto quanto aquele tempo, nos dias atuais, as criaturas lembram-se de Deus somente quando surge o sofrimento. Aí então as pessoas tornam-se religiosas e o caminho das igrejas, dos templos e até das casas espíritas, são procurados mais amiúde.

Diante das agruras da vida, atendem ao chamado do Cristo. Buscam-no de todas as maneiras a fim de se aliviarem. Até através de promessas! Sim, Jesus está chamando, e por que não atendê-LO?

No entanto, o complemento do *Vinde a mim*, é tão claro quanto o chamamento de Jesus:

> Aprendei de mim que sou manso e humilde de coração e encontrareis o descanso para as vossas almas.

No que tange à necessidade de aprender com Jesus, a criatura terrena usa o ensino do Mestre: *Misericórdia eu quero e não sacrifício*, mas transformado numa grotesca paródia: *Descanso eu quero e não sacrifício.*

Quando será que as criaturas do mundo irão sair do comodismo, da inércia improdutiva para buscar o Amoroso Pai através dos caminhos do amor?

Capítulo 15

A internação

Morgana, de maneira eficiente, buscou a casa do Dr. Felipe e dentro de quarenta minutos estava com o médico de volta à casa dos Ulhoa. Felipe examinou cuidadosamente o suarento e febril ancião e disse não ter nenhuma dúvida: Juan Pablo contraíra varíola.

Com o coração acelerado, prevendo uma triste e insuportável separação, Geraldine via-se de mãos atadas devido ao grande apego filial. Não sabia o que fazer. Felipe, como um bom observador e usando o seu conhecimento médico, aconselhou-a a enviar seu pai à Ilha de

Santa Clara, pois permanecendo ali em casa, tudo ficaria mais difícil.

Decisões desse vulto não são tomadas num estalo, mas a situação era crítica e não comportava meio termo: tinha que se decidir rapidamente. Pablo, mesmo sonolento e febril, percebeu a hesitação da filha e pediu:

– Por favor, Geraldine, eu quero ir lá para o lazareto[1]. Lá é o lugar apropriado para os portadores de doenças contagiosas.

– Papai, isso está fora de cogitação. Jamais permitirei que o senhor fique sozinho.

Morgana que, recostada num cantinho do quarto ouvia tudo em silêncio, pediu licença e falou:

– Eu vou com ele, D. Geraldine. Afinal sou paga para isso.

– O problema não é esse, meu anjo, – objetou Geraldine – agora é diferente. Você é ainda jovem e sadia. Permitir um disparate

1 Lazareto: Estabelecimento para controle sanitário; local para quarentena de pessoas com doenças contagiosas.

desse seria uma temeridade. O seu contágio com a varíola seria inevitável.

O facultativo que apenas observava a conversa entre patroa e empregada sem emitir opinião, pois seria abuso de sua parte se interferisse, ao ser questionado pela moça quanto à possibilidade aventada pela patroa, respondeu:

– Morgana, a sua patroa está certa. Veja bem, o quadro clínico dos vitimados pela varíola e o interior de um lazareto apresentam imagens chocantes demais para qualquer pessoa, ainda mais para você, que me parece sensível. Sua estrutura emocional ficaria abalada ao ver cenas e mais cenas horríveis naquele local. Quanto ao perigo de contágio não há nenhum, pois a varíola é uma doença essencialmente masculina, não afeta as mulheres.

– Mas e se eu decidir fazer companhia ao Sr. Juan Pablo não haveria nenhuma restrição pelos encarregados do lazareto?

– Creio que não – esclareceu Felipe. Bastará que o responsável clínico dê sua autorização.

– Então está decidido. Continuarei como acompanhante do Sr. Juan Pablo.

O pobre ancião que, um tanto fora de si acompanhava o diálogo sobre a sua saída daquela casa fez um sinal com as mãos e, diante do silêncio que se estabelecera, falou:

– Adoro você Morgana, mas seria sacrificá-la à toa. Não vou durar muito tempo.

Morgana parecia seguir uma voz interior e estava irredutível:

– Mesmo assim, se houver essa possibilidade eu quero acompanhá-lo.

Diante da insistência da moça, Geraldine concordou e solicitou que o Dr. Felipe cuidasse da internação de seu pai e da autorização para que Morgana o acompanhasse.

Naquele mesmo dia, logo após o almoço, o lazareto da Ilha de Santa Clara recebia a presença de mais dois filhos de Deus. Um para tratamento variólico e a outra, obedecendo aos ditames da Lei de Deus, embora sem saber, estava a caminho de um reencontro marcado num passado distante.

Morgana ficou estupefata ao ver tanto sofrimento. Os internos daquela instituição mais se assemelhavam a uma horda de guerrilheiros que, ao fugir de um combate, aventuraram-se em desabalada carreira por entre carrascais infestados de espinhos e galhos secos. Feridas enormes pelo corpo todo, e mais notadamente no rosto, causando uma horrível impressão.

Quando, porém, o altruísmo move o coração das pessoas em direção ao amor sem máculas, haverá sempre doces compensações. O médico e diretor daquele *depósito de doentes* era um moço de seus 27 anos e de uma bondade extrema. Assim que os olhos do Dr. Juan Martin e os de Morgana cruzaram-se, parece que uma força desconhecida parara os ponteiros do relógio do tempo. As horas, minutos e segundos tornaram-se atemporais, para tornarem-se simplesmente fragmentos da eternidade.

Quando Martin assinou a autorização para a entrada de uma acompanhante, achou um tanto inusitado alguém ainda na flórea mocidade querer acompanhar um doente, ainda mais sem pertencer-lhe à família. Absorto e com tantas perguntas azucrinando-lhe a cabeça, não se atinava com a razão de uma moça tão linda estar ali, ao lado de um velho, mas por outro lado, tinha que agradecer ao destino pela oportunidade de ter ali a presença daquele anjo.

O diretor daquele refúgio de variolentos, no intuito de diminuir ao máximo o assombro de Morgana diante daquele quadro estarrecedor, procurou conversar com ela, orientando-a a manter-se sempre à distância dos demais doentes, pois qualquer pessoa emotiva poderia adquirir problemas angustiantes diante de tantas anomalias.

Juan Martin tornara-se médico há poucos anos, mas trazia uma bagagem de conhecimentos excepcionais e conhecia muito bem o efeito da variola, uma vez que já fora contaminado por ela.

E explicando, dizia:

– Não a estou prevenindo quanto ao problema da contaminação, pois a varíola não afeta os seres do sexo feminino, mas temo que você seja molestada por alguma pessoa inescrupulosa e mal intencionada. Aconselho-a também que não se fixe em demasia nas marcas horríveis que a varíola provoca. O que os nossos olhos veem são passíveis de pelo menos se tentar a cura, porém qualquer doença que nos afete a mente, será difícil de diagnosticar a causa e debelar seus efeitos. Infelizmente a varíola deixa sequelas que, comumente, acompanham os portadores até mesmo depois da extinção do mal, ou seja, da cura.

Enquanto Martin a instruía, um dos doentes gritou forte e de maneira exasperada:

– Ei, doutor, o senhor está aqui para aliviar as nossas dores ou para ficar conversando?

– Calma, Ramiro, você já foi medicado e está sendo cuidado como os demais. A impaciência é um fator agravante para sua enfermidade, controle-se.

Ao ouvir o médico chamar aquele homem de Ramiro, a acompanhante de Juan Pablo sentiu um arrepio correr-lhe espinha abaixo levando um tremendo choque. A partir daquele momento, disfarçando-se para que ninguém percebesse, começou a analisar o semblante daquele homem deseducado e impaciente.

Minutos após, não teve mais dúvidas: aquele homem era Ramiro Alvarez transformado num farrapo humano.

Morgana, como sempre fazia na mansão dos Ulhoa, foi sentar-se ao lado do leito do patrão e amigo, e quando Juan Pablo acordou do leve sono pôs-se a conversar com ele:

– O senhor está se sentindo melhor, Sr. Juan?

– Estou, Morgana. Não se preocupe comigo, filha, estou bem. Ao lado de um anjo que não teme contaminar-se, e nem se constrange diante das deformidades e mazelas humanas, qualquer pessoa seria injusta se dissesse não estar bem.

– Fique tranquilo, Sr. Juan. Mulheres não se contaminam pela varíola, mas mesmo que isso fosse possível, eu não me importaria, pois é muito agradável estar ao seu lado.

Juan Pablo em sua leve modorra não deixou de registrar os gritos de Ramiro Alvarez, e perguntou a Morgana:

– Minha filha, o que aconteceu para que aquele mal educado gritasse daquele jeito?

– Aquele grosseirão nunca teve compostura em sua vida, Sr. Juan. Talvez pense que é o dono do mundo. O Dr. Martin estava me transmitindo algumas orientações, quando aquele desaforado interrompeu a nossa conversa.

– Nossa, Morgana! Nunca vi você expressar-se assim. Você está bem?

– Desculpe-me, Sr. Juan, mas tenho lá os meus motivos para exasperar-me.

– Como assim?

A moça, um tanto indecisa, não sabia como proceder. Se deveria contar ou não que aquele enfermo malcriado era a mesma pessoa que um dia quis abusar de sua inocência. Pensou por uns instantes e depois contou entre lágrimas:

– Sabe, Sr. Juan, aquele homem é o dono da fazenda onde morávamos. É o maldito que um dia tentou agarrar-me e dois dias após botou os meus pais para fora da fazenda San Izidro.

– Nossa, como o nosso mundo é pequeno e como Deus é tão grande, Morgana! – filosofou Juan Pablo. O nosso pequeno orbe em seus giros orbitais estabelece o dia e a noite dentro dos quais a criatura humana semeia o que quiser, mas que, nos dias e noites futuras, terá que colher o que semeou. Ramiro era dono de terras e mais terras, mas se persistir agindo dessa maneira, em bem pouco tempo terá apenas dois metros de comprimento por sete palmos de profundidade a circundá-lo.

– O senhor está certo. Só gostaria de saber quem está tomando conta da San Izidro. Pobre dos moradores da San Izidro se for Murilo, o irmão dele.

– Mas por que, Morgana?

– Porque é um homem mal encarado, muito estúpido e maldoso, apesar de pertencer à igreja.

A ilha de Santa Clara, um pedaço de chão cercado pelas águas da baía de La Concha, tinha algo em comum com uma colônia correcional. Em ambos os casos, como acontece até os dias de hoje, procuram-se segregar as criaturas que constituem um risco à sociedade. Todavia, é preciso que se dê um complemento a essa afirmativa: *para uma colônia correcional, mandam-se os que estão semeando o mal, e para um lazareto os que estão colhendo o mal que praticaram nas existências passadas.*

Os pobres seres que chegavam ao lazareto já vinham acometidos de dores de cabeça, dores nas costas, febre alta, cansaço e um tremendo mal-estar. Esses eram os sintomas apresentados. Depois de mais ou menos uma semana, esse quadro era amainado, mas começavam a aparecer as erupções que chegavam a assombrar.

Alguns dos internados na Ilha de Santa Clara, os fisicamente mais fortes, depois de algum tempo, voltavam para os seus lares, porém, a maioria entregava a sua alma a Deus.

Capítulo 16

O casamento

Juan Pablo ficou pouco mais de dois meses internado naquele local triste e cheio de sofrimentos. Não aguentou por mais tempo, pois seu corpo ficou todo ulcerado pelas bolhas purulentas que os medicamentos não conseguiram cicatrizar e nem minorar seus padecimentos.

Numa triste manhã de agosto, o pobre ancião deixou o triste mundo terreno. Desencarnou tendo suas mãos entre as de Morgana, a evidenciar que no *amor puro e desinteressado* não existem censuras e nem preconceitos. Tal qual uma filha prestimosa, após o exalar de seu último suspiro, amavelmente, com imenso carinho, Morgana fechou-lhe os olhos, dizendo num soluço entrecortado: "Vai com Deus, meu amigo".

Juan Pablo partiu tranquilo, como alguém que parte numa excursão antevendo as paisagens maravilhosas de um mundo feliz onde não existem contratempos, nem tampouco o egoísmo atroz e, muito menos, o pavor do fenômeno conhecido como morte. Encetava uma viagem portando um passaporte chancelado pelo *amor puro e na mais exata expressão do termo*, o qual conseguiu usufruir ao lado de Morgana nos poucos meses que estiveram juntos e que influiu de maneira decisiva no seu direcionamento a uma vida mais alta.

Por outro lado, a contribuição de sua experiência de vida transmitida a Morgana foi benéfica, pois fortaleceu no espírito da filha que as contingências do passado separou, a fim de consolidar-se na companhia de Jean Pierre, ou seja, Juan Martin, os preparativos para a recuperação de Robert Reinaux ou Ramiro Alvarez.

Morgana triste, inconsolável, num amargo pranto, continuava com as mãos de Juan Pablo entre as suas. Ao sentir que a gelidez da morte acentuava-se a cada instante, colocou as mãos, que segurava com carinho, sobre o peito do recém-falecido e chorou amargamente.

Era a despedida e o quebrar dos elos que uniam dois corações que o amor fraterno aformoseara através dos tempos. Ele que fora Maurice em sua última existência, partia agora para a colônia de onde veio. Ela ainda permaneceria no mundo dos chamados vivos a fim de dar sequência à missão para a qual veio.

Numa sequência assombrosa, o fenômeno chamado morte tem *pego de calças curtas* uma quantidade enorme de incautos. Quantos se acotovelam, cheios de ilusão, sobre uma situação que acham ser estável. Quantos outros se agarram aos seus pertences, julgando possuí-los indefinidamente, e quão grande é a quantidade dos que pensam usufruir uma vida eterna aqui na Terra!

Pobres seres! A hora da transformação chega para todos e os que nada construíram ver-se-ão ao relento, assim como o viajor que não abasteceu sua lâmpada com o combustível do amor, terá que tatear no escuro.

Por outro lado, quantas decepções, quantos malogros e quantos sofrimentos evitam os que buscam *o reino de Deus e Sua justiça*. A maioria, porém, dos espíritos que descem ao mundo terreno através da reencarnação, vive às tontas, esquecendo-se que nossa estada aqui na Terra tem um objetivo definido: a nossa evolução espiritual.

Dias virão, entretanto, que o *espírito* deixará de ser, como afirma a grande maioria, uma *invencionice* da Doutrina Espírita. Então, quando pela mercê de Deus for possível fixá-los num clichê fotográfico, essa humanidade cheia de preconceitos e interesses mesquinhos, acreditará e, acreditando, muitos olhos abrir-se-ão à luz da verdade. E então o nosso mundo será bem mais feliz.

Juan Martin, com desvelo, aproximou-se da jovem, afagando-lhe levemente o ombro. Morgana, com os olhos marejados pelas lágrimas, levantou-se e olhando para Juan desabafou:

– Ah, Juan, como é triste nos separarmos de quem amamos. É como se nos despedíssemos de alguém no cais de um porto, com a certeza de nunca mais ver.

– Tranquilize-se, Morgana. Para as pessoas bondosas a morte deixa de ser o fim de tudo. Mas sim, *o começo de uma nova era*.

O diretor daquele isolamento da Ilha de Santa Clara não era propriamente um homem religioso, porém, fazendo da profissão que escolhera um sacerdócio, tinha mais religião dentro de si do que muitos religiosos.

Com o falecimento de Juan Pablo, Morgana desligou-se da casa dos Ulhoa, não porque não a quisessem. Bem que fora convidada por Geraldine para trabalhar na mansão. Ela, porém, alegou que sofreria demais naquela casa sem a presença do bom velhinho.

Sendo assim, aceitou o convite de Juan Martin para trabalhar no lazareto da Ilha de

Santa Clara a fim de ajudá-lo a cuidar dos que ainda continuavam em tratamento e das novas levas que chegavam diariamente.

Seu altruísmo, seu coração bondoso estavam concordes de que sua presença naquele local seria importante. Assim, sem relutar, aceitou cooperar com Martin no alívio de todos os doentes.

Morgana, talvez intuída pelo invisível, contou a Martin todo o acontecido na fazenda San Izidro. Seria uma maneira de se sentir protegida no caso de algum atrevimento de Ramiro Alvarez. O Dr. Juan Martin ouviu-a com atenção e solicitou que ficasse descansada, pois ele a defenderia.

Sem a presença de Juan Pablo, Morgana passou a movimentar-se em toda enfermaria, e mesmo de uma maneira retraída, cuidou de Ramiro com o mesmo cuidado que dispensava aos demais.

Ramiro, por sua vez, tentava escafunchar em seus arquivos mentais a imagem de Morgana, sem contudo, conseguir o seu intento.

Pode parecer estranho e até não ser aceito totalmente, mas no transcurso de uma existência, acontecimentos existem que nos parecem familiares; algo assim como cenas de um filme que já assistimos. Nossa mente, sem que saibamos, grava os lances mais importantes. Aqueles que de uma maneira ou de outra influirão de maneira decisiva em nossos dias futuros a nos indicar o alvo a ser colimado.[1]

Era o que estava acontecendo com o antigo fazendeiro: tinha em sua frente a antiga acompanhante de sua esposa, mas devido às tribulações que o atormentavam desde o dia em que fora arrancado da própria casa, não a reconheceu de pronto.

Uma semana depois, naquelas noites em que a implacável inquietude ataca, afugentando o sono, Ramiro virava, remexia no leito

1 Colimado: Que se tem em vista; a ser alcançado.

e não conseguia dormir. A imagem da nova enfermeira não lhe saía dos pensamentos. Ele que nunca fora de buscar ajuda através da oração, naquela noite dirigiu um angustiante apelo ao querido Criador:

"Senhor Bondoso, perdoe-me se estou buscando-O somente nessa hora de sofrimento e terríveis dores. Ajude-me, Senhor, a encontrar a paz. Fazei com que eu possa, nesse sofrimento, pagar um pouco dos meus erros. Essa dor me castiga. Essa coceira infernal incomoda tanto! E se isso não bastasse, Senhor, a imagem da nova enfermeira passou a atormentar-me dia e noite. Já não consigo dormir em paz. Dai-me forças, Senhor Jesus, para que eu possa entender o que está acontecendo".

Após a prece silenciosa dirigida aos céus, Ramiro sentiu-se mais aliviado e conseguiu dormir até a hora de tomar os remédios, quando Morgana o acordou, chamando-o pelo nome. Recebeu os medicamentos, tomou-os e depois agradeceu, coisa que nunca lembrou-se de fazer.

Morgana, estranhando o comportamento do enfermo, pensou: "Ué, o que será que está acontecendo? Ramiro nunca foi de agradecer!"

Ela, que tinha o hábito da oração, nem sequer imaginava que aquela alma cansada também orara naquela noite.

Logo à tardinha daquele mesmo dia, Ramiro aproveitou um momento que a enfermeira não estava atendendo a ninguém e chamou-a educadamente:

– Senhorita, por favor. Desculpe-me pelo atrevimento. Parece-me que a conheço de algum lugar.

Morgana que guardara muitos ensinamentos ao acompanhar Juan Pablo à igreja, lembrou-se do que ouvira no último dia em que esteve com ele na missa:

> Concilia-te depressa com o seu adversário, enquanto estais a caminho com ele. Jesus, (Mateus, 5:25).

Pensando firmemente em Jesus, fixou na mente a grata presença de Juan Pablo emoldurada num alo de luz, sorriu para Ramiro, e falou:

– O senhor me conhece sim, Sr. Ramiro. Eu sou Morgana, a antiga acompanhante de D. Hortência.

Nesse momento, o pobre doente debulhou-se em lágrimas, enquanto ela, passando suas bondosas mãos sobre seus cabelos desgrenhados, continuou:

– Fique tranquilo, meu amigo. Não é nada bom lembrarmos das coisas tristes do passado. Isso só nos traria mais sofrimentos. Olhemos para frente. Num lugar lindo e radioso o Cristo espera por nós.

– Sim, sim, Morgana. Ele espera por nós. É uma pena que eu demorei tanto tempo para entender isso.

– Fique tranquilo, Sr. Ramiro. O importante é que nós já aceitamos essa verdade. Ore sempre e agora procure descansar.

– Só mais uma coisinha, Morgana. A senhorita me perdoa por aquele ato vergonhoso daquela noite?

– Fique tranquilo, meu amigo! Eu já o perdoei há muito tempo.

– Muito... muito obrigado, Morgana. Que Deus a abençoe sempre!

Aqueles tenebrosos dias, principalmente para os afastados da sociedade devido àquele mal contagioso, continuaram a sua trajetória na sequente esteira do tempo. Juan Martin e Morgana, como se estivessem imantados um ao outro, começaram com pequenos flertes para depois se enamorarem. Os impulsos daquele amor que os levava a sonhar com um mundo de paz e de ventura não foi vivenciado no passado e por isso mesmo ressurgiu com a doce promessa de uma vivência feliz.

Dentro de poucos meses, com a aquiescência de Anselmo e Gregória, o casal se uniu no altar da igreja de San Vicente. Morgana, em seu traje nupcial, com seus cabelos longos e adornados de flores, mais parecia um ser angélico, enchendo de doces emoções os convidados, com seu sorriso contagiante.

Substituídos em seus postos junto aos doentes da Ilha de Santa Clara, os noivos numa ventura sem par, seguiram para França não tão distante de San Sebastian. Seguiam na certeza de que o céu estava sendo boníssimo e magnânimo para com eles, pois que ambos sempre sonharam conhecer o país vizinho.

Duas semanas após estavam de volta, e numa segunda-feira, recomeçaram as tarefas diárias. Era necessário dar continuidade em seus misteres, pois tantos seres cansados e sofridos precisavam de seus corações generosos e mãos amigas.

CAPÍTULO 17

Missão cumprida

Enquanto Martin e Morgana estavam em França em lua de mel, Ramiro Alvarez sentia-se impaciente. Parecia estar vinculado de certa forma ao Dr. Martin e Morgana, e mesmo sendo tratado afavelmente pelos substitutos, suspirava pela chegada dos dois.

Apesar da inquietação que o dominava por completo, mantinha em seu interior, agora modificado, pensamentos novos e de certa forma tornara-se paciente, pois mentalmente rogava a Deus para que o jovem casal fosse feliz e voltasse logo.

O homem, dantes orgulhoso, mal-humorado e até certo ponto agressivo, agora abrandara-se como um manso carneirinho. A varíola, que depois de sua fase crítica, atormenta e castiga rudemente os seus portadores com uma coceira incomum, assediava Ramiro com uma comichão violentíssima. Mesmo assim, as atitudes do antigo fazendeiro eram intercaladas por momentos de calma ou desespero.

> Pobre do ser que se manteve por longo tempo afastado da aura dos mensageiros celestes, e tenha se embrenhado no caminho do erro!

Ramiro Alvarez, na França, há mais ou menos um século e meio, deixou de viver a religião do Cristo para abraçar uma causa inglória da qual tinha agora que colher os amargos frutos. Por esse motivo, seus olhos eram constantemente orvalhados por lágrimas pungentes.

Ele, que no pretérito, além de não pagar o combinado a Honoré, matou-o impiedosamente, agora respirava o clima nauseante de um lazareto e vivia constantemente sob o efeito das abundantes lágrimas que fizera Suzane derramar. Por incrível que pareça, via-se atacado por dois tipos de comichão: num tinha que suportar o gosto agro da angústia e saudade pela ausência de Morgana, que mesmo sabendo pertencer a outrem e estar distante, o acicatava dia e noite. O outro tipo afetava somente o seu corpo e era uma coceira fora do comum. O infeliz homem vivia desarvorado.

Enquanto acordado, Ramiro, fantasiando, imaginava ver Morgana passear por entre flores no paraíso e nesses momentos, abundantes lágrimas brotavam de seus olhos cansados. Infelizmente, sem ter alguém que o orientasse, muitas vezes enxugou as lágrimas usando as mãos após ter se coçado, e a varíola afetou-lhe os olhos.

Quando Juan Martin e Morgana retornaram de França encontraram Ramiro completamente cego, pois a ingrata enfermidade atingiu de maneira irreversível a sua visão.

Assim que Martin reassumiu o posto como médico responsável por aquela unidade hospitalar, foi informado sobre a cegueira do antigo patrão de Morgana. Lamentando-se pelo triste incidente, aproximou-se da esposa e confidenciou:

– Meu bem, tenho algo um tanto triste para lhe falar.

– Fale depressa, querido, não me deixe angustiada. É alguma coisa relacionada com meu pai... um acidente de trabalho?

– Acalme-se, meu amor, está tudo bem com os nossos familiares, graças a Deus. A notícia ruim é sobre o Ramiro.

– Mas o que aconteceu a Ramiro? Eu ainda não pude ir cumprimentá-lo.

– Está cego. Deve ter limpado os olhos após ter-se coçado. A varíola o cegou.

A pequena Ilha de Santa Clara, levemente acariciada pelas águas marinhas poderia ser um local para se veranear, para descanso e refazimento ou então, um ponto de atração para os jovens enamorados. Porém, segundo o Eclesiastes, *a felicidade não é deste mundo*, assim aquele triste refúgio destinava-se à correção de crimes hediondos cometidos em outras eras. O de Ramiro Alvarez não era diferente. Era um caso dentre tantos que mantinha ali os seus cativos a fim de se depurarem sob os estigmas da varíola. Ao lado de tantos espíritos endividados, a maioria, exterminadores de huguenotes, ele expurgava os delitos cometidos num tempo em que a falsa religião estava a serviço de interesses mesquinhos e egoísticos.

Cego, abandonado, desprovido de recursos, Ramiro era mais um ser que o sofrimento forçava a dobrar a cerviz[1], a fim de um dia poder entrar em sintonia com as Leis do Criador.

Quando dizem que a sombra do medo exerce uma terrível pressão subjugando as criaturas, não sabem o quão verdadeira é essa expressão!

1 Cerviz: Curvar; submeter-se a um jugo.

Em termos comparativos, pode-se dizer que a dualidade, corpo e espírito, é como a câmera fotográfica e o filme. O corpo grosseiro ao enquadrar-se ao foco da câmara, obedecendo a vontade do fotógrafo, capta e plasma no espírito traços luminosos ou obscuros segundo o desejo e o estado emocional de quem fotografa. Assim, imagens suaves, bem delineadas ou fotos disformes e sem foco, estão na dependência do estado mental ou espiritual do dono da câmera.

Assim, encontramos em poder dos seres humanos álbuns fotográficos de variadas espécies. Álbuns que são arquivos vivos das transformações havidas na natureza através do tempo. Hoje, infelizmente, de destruição. Álbuns que apresentam cenas dos horrores da guerra a demonstrar destruição e ruínas. Mas existem, também, os que exibem a felicidade através do sorriso que os flashes fotográficos registraram de famílias felizes. Também álbuns, que de maneira sequente, registram as realizações que o progresso humano conheceu em muitas partes do globo.

Quem sabe um dia possam existir câmeras que registrem o estado emocional dos seres humanos nos momentos de desvarios e, assim como acontece com os raios-X, que captam e indicam a localização da doença, possa diagnosticar o ponto enfermiço de todos os que estão em discordância com a Lei do Amor ensinada por Nosso Senhor Jesus Cristo.

Que a filmagem a se plasmar na tela mnemônica das criaturas do mundo, possa futuramente apresentar mais amenidades e menos cenas grotescas.

O infeliz cego através dos préstimos e influência de Juan Martin sondou a possibilidade de retornar à fazenda, mas Murilo, seu irmão, tinha vendido a San Izidro, temendo que Ramiro pudesse sair ileso da batalha contra a varíola e mudou-se para local ignorado.

Murilo, apesar de ser uma pessoa esclarecida, trazia nos refolhos da alma um certo temor e avantajada ojeriza pelo irmão. Tal qual o utensílio de ferro que sofreu por muito tempo o efeito dos corrosivos a que esteve exposto, Murilo trazia em si uma insegurança mórbida pela triste experiência que viveu como Honoré. Prestou um serviço a Robert Reinaux e nada recebeu. Antes disso, teve o seu corpo rechonchudo crivado de balas.

Assim, sem ter um lar para onde voltar, sem ter recursos suficientes para se albergar em algum lugar, teve que esperar o seu triste fim entre os seus companheiros de infortúnios ali na Ilha de Santa Clara.

Ao ser notificada pelo esposo que Ramiro perdera a visão, Morgana tentando ajudá-lo, procurou-o sem demora. Aproximou-se dele e o cumprimentou respeitosamente:

– Bom dia, Sr. Ramiro, o senhor está se sentindo melhor?

– Morgana? Então vocês já retornaram? Que bom! Quem sabe assim, com o retorno do Dr. Martin eu consiga recuperar a minha visão.

– Pois é Sr. Ramiro, fiquei sabendo do seu problema nos olhos. Não se desespere, o Juan está atendendo a uns doentes que chegaram hoje, e daqui a pouco virá vê-lo. Tenha certeza que ele fará o melhor que puder para o senhor.

Momentos mais tarde, tanto os recém-chegados quanto os doentes mais antigos, ficaram assustados com os gritos de desespero de Ramiro Alvarez ao saber que a sua cegueira era definitiva, irreversível. Ficaria pelo resto de seus dias na escuridão total sem poder ver a ninguém, nem tampouco admirar o vulto aureolado e os belos sorrisos de Morgana.

Como sabemos, *Deus age no mundo pelas mãos das pessoas de boa vontade.* Quando Morgana viu seu antigo patrão desesperar-se ao extremo, criando um clima angustiante dentro da ampla enfermaria, aproximou-se dele, tentando levá-lo ao reequilíbrio. Não era fácil. A incumbência de promover o equilíbrio de uma pessoa que chegou ao auge do desespero requer mais do próprio necessitado do que da capacidade de persuasão do assistente. É necessário que o desesperado queira receber ajuda.

Assim, Morgana respirou profundamente, pensou em Deus e começou:

– Sr. Ramiro, por Deus do céu, acalme-se. Seu desespero complicará ainda mais a sua situação. Confie em Deus, pois Ele não nos desampara. Notei em seu rosto, nos seus braços, que houve uma cicatrização espantosa enquanto Juan e eu estivemos ausentes. Tenho certeza que logo também desaparecerão as coceiras. Procure manter-se calmo, caso contrário o processo de cura poderá tornar-se mais lento e até mesmo regredir.

– É difícil manter a calma quando se perdeu tudo na vida, minha cara. Perdi a esposa, a fazenda, perdi todos os meus bens, e até mesmo o vínculo familiar que deveria ser indestrutível. Meu irmão transformou-se num aproveitador, um ladrão contumaz. Minha irmã casou-se com um crápula e nunca mais me procurou. O jeito é contentar-me com esse meu triste destino: morrer à míngua... esquecido e desprezado por todos.

– Calma, Sr. Ramiro, também não é assim. Deus não esquece nenhum de seus filhos. Não somos ninguém, mas dentre os filhos de Deus, estamos aqui, o Juan e eu para ajudá-lo.

– Mas não é a mesma coisa, Morgana. À noitinha vocês irão embora e eu terei que continuar aqui neste local nauseante e fedorento. Creio que a minha hora está se aproximando e com a chegada da morte irei para debaixo da terra. Do ser desprezível e sem valia que hoje sou, somente ficarão as anotações nos prontuários de um infeliz doente.

– Não diga isso, meu amigo. Você está se esquecendo de Deus.

– Pelo contrário, Morgana, já há alguns meses adotei o sagrado hábito da oração. Partirei quase feliz. Só não o sou de fato, pois não tenho condições de satisfazer o meu último desejo...

– E qual seria esse último desejo?

– Pudesse eu retornar a San Izidro e reconquistar, mesmo que fosse parte de minha fortuna, pagaria a peso de ouro a algum artista para escrever em minha campa os seguintes dizeres:

> Aqui jaz alguém que teve tudo na vida, mas agindo cegamente precipitou-se num abismo! Foi necessária a cegueira física para que esse

mísero ser enxergasse a extensão dos seus erros. Hoje, de visão renovada, livre do vaso físico, esse alguém anseia em cindir os ares em busca de uma morada nova e mais feliz. Que o Senhor Celeste apiede-se de sua alma!

Uma semana após o comovente desabafo, o pobre cego despediu-se do mundo terreno e, mesmo nada prometendo, o casal Juan e Morgana atendeu fielmente o seu pedido: mandaram confeccionar a placa escrita, segundo o seu desejo, e a dependuraram na cruz fincada em cima de sua sepultura. O abençoado solo espanhol, berço que um dia acolheu aquele corpo, reclamou e o recebeu de volta ao seu seio.

O casal Juan Martin e Morgana, após muitas décadas de incansáveis cuidados para com tantos doentes, finalizou de maneira brilhante a missão que o Plano Espiritual lhes confiara: Juan, aos 78 anos, sentindo-se enfraquecido e adoentado, afastou-se de suas atividades de médico, e assim Morgana também deixou de trabalhar para tão somente cuidar de seu doente querido.

Um ano depois, quando a natureza deu as primeiras pinceladas e pôs-se a pintar campos e vales com magníficas cores, a encher a atmosfera de inebriantes perfumes, Juan Martin com seus olhos lacrimejantes, despediu-se com carinho de sua amada e foi recebido pelas Falanges de Luz, sendo levado a um mundo onde a maldade não tem vez.

Morgana chorosa, mas sempre confiando na bondade de Deus, passou a colaborar numa entidade que dava assistência à infância abandonada, uma mescla de orfanato e creche dos dias atuais. Dois anos depois, aos 71, ela também deu o seu adeus ao mundo terreno, sendo recebida pelo esposo que, num frêmito[2] contagiante, a envolveu em seus amorosos braços. Enlaçados e seguidos por uma legião de seres iluminados, partiram para o mundo dos bem-aventurados!

2 Frêmito: Estremecimento de alegria; vibração.

A reencarnação de Suzane, Jean Pierre e Robert Reinaux que, graças à bondade do Senhor dos Mundos, teve prosseguimento através da indumentária física de Morgana, Juan Martin e Ramiro Alvarez, foi marcada por lances que demonstraram a fragilidade do ser humano quando ainda jungido à carne e, não poderia ser de outra forma, pois o aprendizado básico do espírito imortal efetivar-se-á sempre ao contato da poeira do mundo. As nódoas que permitimos marcar nosso vaso físico aqui no mundo, tornam-se mais fáceis de serem alijadas nesse mesmo mundo. Essa é a Lei das Vidas Sucessivas.

As três almas, na verdade, tiveram que enfrentar os problemas que afetam todos os seres que descem à Terra, no entanto, mais notadamente Morgana e Juan Martin, souberam passar por eles sem se complicarem. Ramiro, apesar de ter exercido no passado uma atividade religiosa sob os paramentos da Igreja, trouxe ao renascer uma bagagem assaz negativa; depois de perder todos os bens materiais e tornar-se cego, com a ajuda de Morgana e Juan Martin, teve seus olhos espirituais abertos para a necessidade mais premente da vida: *o amor*.

Assim, de uma maneira simples, mas objetiva, tentamos passar ao *querido leitor* a certeza de que nenhum dos filhos de Deus se perde para sempre, pois Jesus Cristo prometeu: das ovelhas que o meu Pai me confiou, *nenhuma se perderá*.

Temos que acreditar que seja assim, pois caso contrário, nós teríamos que admitir Deus como um Pai que não se importa com os seus filhos, que os abandona à sua própria sorte.

O Pai de Amor e Bondade sempre estende as dadivosas mãos sobre os que buscam a verdadeira felicidade através dos Caminhos do Amor!

QUE JESUS NOS ABENÇOE!

Nosso livro

Formato: 14x21 cm
Tipologia: ITC Souvenir (texto)
ITC Zapf Chancery Std (títulos)
Papel: Alta Alvura Alcalina Suzano 75 grs (miolo)
Cartão Supremo Sz 250 grs (capa)

Revisão de Língua Portuguesa
Cinthia Maria Ramazzini Remaeh

Projeto gráfico, diagramação e finalização da capa
Angela dos Santos Luiz